挽回爱情技巧

挽救消失的爱情

崔摄铭/著

当代世界出版社
THE CONTEMPORARY WORLD PRESS

图书在版编目（CIP）数据

挽回爱情技巧：挽救消失的爱情 / 崔摄铭著. --
北京：当代世界出版社, 2018.3
ISBN 978-7-5090-1212-3

Ⅰ. ①挽… Ⅱ. ①崔… Ⅲ. ①恋爱心理学—通俗读物
Ⅳ. ①C913.1-49

中国版本图书馆CIP数据核字(2018)第044106号

书　　名： 挽回爱情技巧：挽救消失的爱情
出版发行： 当代世界出版社
地　　址： 北京市复兴路4号（100860）
网　　址： http：//www.worldpress.org.cn
编务电话：（010）83908456
发行电话：（010）83908409
（010）83908455
（010）83908377
（010）83908423（邮购）
（010）83908410（传真）
经　　销： 全国新华书店
印　　刷： 河北盛世彩捷印刷有限公司
开　　本： 880毫米×1230毫米　1/32
印　　张： 6.5
字　　数： 125千字
版　　次： 2018年4月第1版
印　　次： 2019年10月第2次
书　　号： ISBN 978-7-5090-1212-3
定　　价： 36.50元

序

挽回关系是一道爱情难题。

我们常常在失去爱情后才知道珍惜对方，这时候一切都还在，只是爱消失了，这种感觉让人非常心痛。

当恋爱或婚姻出现问题时，我们会不知所措，当家人和朋友亦无能为力时，我们很可能会因一时冲动做出一些错误的反应，让关系变得越来越糟，导致好好的一段感情破裂，最终以分手或离婚结束。

佛洛姆说“爱情是一门艺术”，爱是可以通过学习提升的一种能力，如果我们在成长过程中没有学习过如何爱一个人，成年后很可能在两性相处上出现各种各样的问题。

《挽回爱情技巧：挽救消失的爱情》这本书就是为了化解两性关系矛盾，为提升爱的能力而写。

本书着重从如何挽回爱情，需要掌握的方式方法方面，给你一个系统的解决方案和一些实际建议。

在挽回的认知上，首先你要接受，你们的爱情出了问题。但同时你也要相信，爱情是可以挽回的，只是看你用的方法对不对。毕竟你们曾经爱过，你们是有感情基础的，只是现在关系出现问题需要你去解决，确切地说，需要你做出改变。但偏偏很多人总是纠结对与错，想尽办法挽留对方，却忘记自己应该做出改变和提升。

爱情的核心是吸引，挽回的核心是改变。你改变了，原来的一些问题就会迎刃而解。这本书并不是灵丹妙药，而是指导读者通过改变自我提升吸引力，通过改变沟通方式来化解矛盾。

退一步说，即使最终挽回不了对方，但至少你努力了，没有什么好遗憾的了，而且你在这个过程当中也会提升爱的能力。

因为在实际案例中，留给我们挽回对方的时机，或者说是挽回的黄金时间可能很短，所以我们能做的也非常有限。

挽回是一件复杂的事情，成功挽回的因素会包含很多方面，比如有性格、表达能力、个人修养、社会地位、财富、工作情况等。但因为这些情况很难在短时间内得到改变，所以本书没有详细说明这些情况，不足之处，敬请谅解。而本书主要针对技巧部分，如沟通方式、自身形象和生活方式如何提升。这些技巧对每个人来说都可以在短期内实现有效改变，从而提高挽回爱情的成功率。

我一直认为爱情是美好的，所以我创建了美爱网，有疑问的读者可以到“美爱”公众号进行交流，希望大家都能获得美好的爱情！

目 录

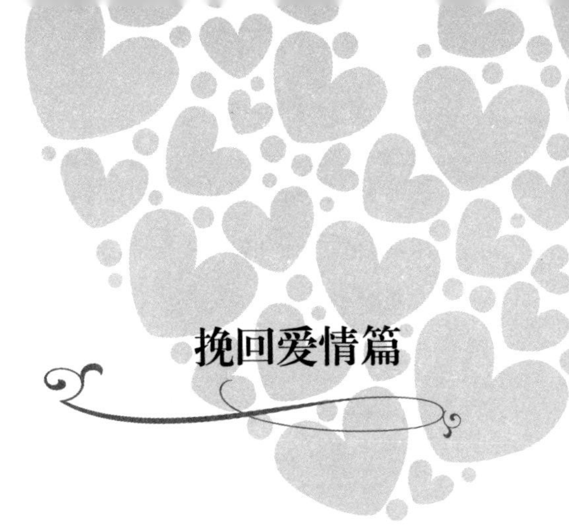

第一章　重新认识挽回这件事儿

一、为什么要挽回？这段关系是否值得挽回？

相爱的人分手了，不是因为爱情结束了，而是因为一切结束了，爱还在。

我一直认为挽回只有一个原因，就是爱还在。

如果你刚失恋或者离婚，首先应该冷静下来，理性地看待两人到底出现了什么问题，并努力改变自身的缺失，勇敢地挽回失去的爱。

如果你想要挽回对方，在挽回前你需要先思考下面几个问题：

1.为什么你要挽回对方？

打开你的心扉，问问自己，你到底有多爱他/她？如果他/她是你生命中的真爱，请你义无反顾地挽回对方。因为你可能真心地爱过这一次之后，就再也不会爱得这么深刻、这么彻底了。

2.你们适合在一起吗？

理性分析你们两人是否有共同的价值取向，在生活方式、生活态度上能否达成一致。

如果你们在分手之前因为这些问题经常吵架，双方都不曾让步，试想，即便两人和好后，也还会因为类似问题造成双方的不愉快，最终你们仍然会以分手告终。如果一方能够妥善解决类似的问题，并能包容对方在一些行为方式上的所谓缺点，则可以考虑如何挽回。

3.你有决心挽回吗？

挽回不是一朝一夕就能成功的，它需要你下决心做出改变，所以挽回的过程是漫长而痛苦的，你需要确定你是不是真的有决心挽回对方。

如果你能正面地认识到自己在这段关系中所犯的错误，继而做出改变，哪怕你失败了，但这会成为你生命中一段美好的回忆。

二、挽回操作流程

挽回模式对比：

处于失恋或离婚的人，会有哪些表现呢？

1.生气，甚至怨恨对方，记忆里都是对方的种种不是；

2.失落，忧伤，不想吃东西，想找人倾诉或封闭自己；

3.试图挽留对方，甚至纠缠对方，电话骚扰或干扰对方的正常生活。

上面的行为对挽回有没有作用呢？

1.生气，发脾气是负面情绪的宣泄，不利于解决问题；

2.失落，负能量的人通常不在状态，不注重形象，说话无头绪，更缺乏吸引力；

3.挽留或乞求对方没有根本解决问题，存在于两人之间的问题还会时时引起矛盾，而纠缠或骚扰对方，会引起对方的反感，发生更加激烈的冲突。

所以很多人在出现问题不知道怎么处理的时候，情况会变得更糟糕，最后导致两人彻底分手。

专业的挽回方案又是怎样的呢？我们对比一下：

在这之前，请先思考一个问题：当你提出分手，你希望对方做出怎样的回应？

你绝对不想看到对方做出上面的行为，而是希望看到对方能做出改变和提升。在此我提出一个挽回的核心概念——“重新获得吸引力”。下面先说挽回操作流程：

根据我帮客户挽回的成功经验，我总结出一个简单的挽回流程，共九步：

学习理论→分析原因→化解矛盾→冷冻断联→重新获得吸引力→测试回应→下诱刺激→引导投入→修复关系

学习理论：系统地学习正确的挽回方法；

分析原因：找到你们关系出现问题的原因；

化解矛盾：承认错误，宣告接受分开的现实，主动退让，释放关系压力；

冷冻断联：从对方的生活中抽离出来，不主动联系对方；

重新获得吸引力：提升自我形象，扩展生活方式，改变原有形象；

测试回应：低姿态沟通，开始联系对方并观察对方的回应，以朋友方式相处；

下诱刺激：做一些让对方感兴趣的事情，让对方感到意外，引导对方关注自己；

引导投入：开始互动聊天，不暴露需求感，引导对方在关系上投入更多；

修复关系：踢开最后的围墙，再次确定关系。

当你开始行动后，你也可以通过这个步骤自检挽回的进度，明确现在应该做什么。

一个专业的导师团队会先帮你做出情况分析，评估挽回的成功率和时间，然后做出详细的挽回方案，并指导你做出自身的改变。

三、挽回常见的错误操作和错误行为

（一）常见的错误操作

有些心理咨询师会提出“要爱自己”“要自信”“要理解对方”“变得更优秀”“要坚强”这样的理念。通常都是些大道理，缺少具体有效的操作方法。

有些人会因为对方又找到新对象拒绝复合而失去理智，甚至威胁恐吓对方，最终结果却是闹得不欢而散，甚至两败俱伤。

这种出了问题不从自己身上找原因并解决问题的方式也是不可取的。

有些女人还会犯另一个错误，就是报复对方，随便找个男人来弥补失去爱情的心理缺失感。可这种做法一旦让男人知道，便是不可逆的，这是破坏双方关系最严重的做法。

（二）常见的错误行为

相爱的人在一起，当热恋的激情渐渐退去，很容易暴露出彼此的种种缺点。尤其对于女性来说，她们会习惯于你的优点和对她的好，相应地就会把你的缺点放大，矛盾自然也会暴露出来。当出现矛盾时，倘若解决不好，便会出现情感的裂痕，如果裂痕得不到补救，就会越变越大，愈演愈烈，最终导致感情分崩离析……而在意识到问题所在，试图挽回爱情时，除了解决矛盾，心态是至关重要的。

想要挽回对方，要先改变自己的态度，调整自己的心态，选择最适宜的时机，绝不能打没把握的仗，而在这之前一定要意识到挽回中的错误行为和心理误区。

错误行为 1：辩解，试图说服对方

遭遇分手，头脑混沌一片的你，出于本能的反应，一定会想：我没错，为什么跟我分手呢？

抱着这种心态，你一定会去证明自己是对的。于是不停地辩解，和对方争论恋爱中谁对谁错，以此证明不是自己的问题，希望借此让对方回心转意，可惜这种行为除了火上浇油，再无意义。

当对方提出分手时，他/她对你的印象已经变差了，你越是争论，试图用所谓的大道理证明对方是错误的，越会让他/她觉得你连起码的认错态度都没有，这又怎么可能挽回对方呢？这只会让对方庆幸分手的决定是正确的！

错误行为 2：不停地给予承诺

当恋人提出分手，有的人会觉得可能自己哪里做得不对，于是用承诺来弥补情感的漏洞，不停地做出爱情许诺，企图留住对方。

可惜，若是和以前一样吵架，低头认个错，撒个娇，是很容易挽回关系的。可是现在对方不是生气，是做出了彻彻底底地离开你的决定，所以再多的承诺，也只会让他/她觉得你虚伪，这种方法根本不会奏效。

错误行为 3：死缠烂打，厚着脸皮求他

对方提出分手，女性的第一反应是：他生气了，说分手只是气话。

于是为了让他消除愤怒的情绪，女性会采取各种纠缠的方式，软磨硬泡，不停地说“我爱你”，不断地联系对方，约对方见面……可惜既然对方已经下定决心，那类似下跪的行为必然毫无效果。

甚至从另一层面分析，在对方处于极度否定你们两人关系的心态时，你的这些行为，会给他一种你正在逼迫他的感觉，对方出于抵触心理，必定想方设法摆脱你的纠缠……这种火上浇油的行为，还是快点停下吧！

错误行为 4：情绪低落，甚至自虐

有时候分手会对人造成很深的心理创伤，这一点恋爱中的男女都得承认。但有些人会一味地沉浸在分手的打击中，陷入无休止的悲观情绪里，不仅厌食，甚至厌世，患得患失。

更有甚者，会产生自虐倾向，试图用极端行为让对方回心转意，但这只会让提出分手者躲得远远的，并庆幸自己的决定是正确的！

请你一定要记住，情绪化的反应给不了对方想要的感觉，这种悲观心态只会像一颗随时可能爆的炸弹。

（三）两个错误的挽回案例

近期我的微信平台收到了不少关于如何挽回爱情的咨询留言，其中两个案例引起了我的关注，他们的情况让我想到，可能太多人在挽回的路上走了弯路……

挽回案例分析一：

粉丝留言：

老师你好，看了不少关于你讲的如何挽回爱情的文章，按照你讲的思路，我告诉自己的前男友，我愿意心平气和地接受事实，现在已经开始新的生活了——当然了，这些都是挽回的方式。

我想用这些挽回技巧让他回心转意，但实际上于事无补，可能他误解我的意思是不再联系了吧，于是在四天里他还是没联系我，我想还是微信告诉他我的真实想法吧，但发过去之后仍没有得到对方的回信。

看起来他是真的放弃了，我该怎么办？是放弃，还是继续挽回？我好矛盾啊！

小安

导师回复：

你好，在你的来信中，我能读出你的焦虑以及你内心的矛盾。

很明确地告诉你：既然你选择挽回，那就要坚持，但坚持不代表可以莽撞行事。越矛盾，失去得越多。

在很多失败的例子中，冲动、胡思乱想和矛盾，永远是挽回路上的大敌。有的姑娘明白挽回的技巧流程，但真正做起来，却因为外在因素的影响而随意更改挽回技巧。

比如在冷冻期之后，某位姑娘看到男友一点也不在乎自己，于是毫无营养地威胁道：干脆彻底分手吧，我也不想和你在一起了！虽然姑娘的内心独白是：我怎么舍得你呢，你回来吧，好不好？可是，由于暂时得不到自己想要的结果，于是冲动之下说了狠话。

可惜，说再多的狠话，也起不了任何作用。

这个例子本质上和你的情况是一样的，在冷冻期之后，还没来得及耐心地等待一段时间，就开始患得患失，害怕彻底失掉挽回对方的机会，于是开始写道歉信，说明自己的意图。

可惜男生怎么能明白你的想法呢？一会儿这样一会儿那样，谁又能明白你到底是想挽回，还是想彻底放弃呢？

假如你愿意用真情挽回对方，那告诉他你内心的真实想法；若是你愿意用冷处理的方式唤回他的情感，那坚持做下去，只要操作到位，相信会有成效。

永远别矛盾，千万别言行不一。希望你能明白这个道理。

挽回导师

挽回案例分析二：我能把前女友抢回来吗？

粉丝留言：

老师，我和女友分手两个月了，在此期间我一直尝试挽回对方，但可能是我的方式不对，一直收效甚微……最近更令我崩溃的是，我发现前女友可能有新的男朋友了，因为在她的微博留言中总看到一个男性ID留有一些暧昧的话语。

我挺崩溃的，其实在一开始我给自己定下的挽回期限是一个月，但在一个月之后毫无进展，我又觉得放弃太吃亏了，又把期限延长到两个月、三个月……

难道是我一开始挽回的方法就不对？我怎么才能把前女友抢回来呢？我这种行为不算是挖人墙脚吧？！

Tony

导师回复：

你好，干脆我管你叫小T吧！

首先说说你的挽回方式。其实给自己定个挽回期限是没错的，可以提升自我的执行能力，但完成目标不光靠你的执行力，还要看对方的态度，况且设定期限类似于工作计划，主观能动性自然是主要的，但不可忽视的是各项客观因素的制约。

做事要有分寸，不能急于求成。一开始设定的期限是一个月，后来才发现很难达到，于是一改再改，但你的心理预期还停留在一个月，于是你的心态变得越来越糟，甚至你的行为都开始变得冲动起来。

越不冷静，越是在给挽回对方的道路上制造路障。

至于是不是要放弃，我建议再给自己合理地规划一个时间点，千万别着急，更别表现出一副自暴自弃的样子，学会调整内心，既然选择挽回对方，那永远不要动摇，做足充分的准备，但也要学会做最坏的打算。

学会接受现实，才有敢于面对现实的勇气。保持足够的耐心，不要给自己施加压力，改变自己，即使对方已经有伴侣，你也可以尝试恢复你们的朋友关系，这点对你来说真的不难，在她慢慢修复情绪的同时，表现出你更有魅力的一面来。

在内心深处告诉自己：自己喜欢，又有过曾经，抢过来又何妨呢？其实你正在经历的事，要比追女生更复杂一些，因为追求女生只需做到“脸皮厚”“多花心思”“打持久战”这三点，不出意外的话，水到渠成的概率很大。但挽回对方更多需要的是消除对方的负面情绪，利用新的吸引力+旧温情来挽回关系。

保持思想稳定，与此同时，集中精力，克服内心的矛盾，最大限度地让自己向着一个方向前行。虽然可能在你看来前任选择和另一个男性在一起了，但这么快能走到一起，只能说明一个问题：她寂寞了。

但她的寂寞又是出于什么原因呢？很大程度上源自和你分手后内心的空虚寂寞，但碍于各种情绪，不愿意找你，所以想在其他男性身上找到同样的温暖。

可是，带着对你的思念，怎么可能真正地爱上另一个人呢？而你所要做的，一方面要清晰地了解对方对自己不满的原因，并做出最大程度的改变，即便因自身的原因很难达到对方的要求，但也要让对方从自己身上看到变化；另一方面去消除她的各种负面情绪，自然而然地接受现在的你。

假如一开始你的挽回方式用对了，那你的挽回期限也就不成问题了，明白了吗？

最后祝你成功，希望早日听到你胜利的消息！

挽回导师

第二章　挽回中常见的问题解答

爱情挽回的路上是迷茫的，因为独自面对的你是孤独的，但这种孤独情绪又不止源于孑然一人，更表现在面对各项突如其来的挽回问题和困难时措手不及的无助感。在我们的挽回咨询中，经常会遇到客户提出的各种问题，而有些问题是棘手且具有一定的共性特征。为了提升咨询效率，让客户在短时间内得到想要的答案，这篇文章我们就专门讲讲爱情挽回中的几个常见问题。

一、我不知道这段感情要不要挽回，值不值得挽回

这两个问题归结到底是一个概念，同时可以很明确地说，这纯粹是个人的问题，因为答案就在你的内心深处。若你的心里一直有这样的疑问，那只能说明你对待这段爱情根本没有想清楚。

仔细剖析，若总是产生很消沉的情绪，其实还是挽回方法不当，又或者是对方的态度强硬造成的。关键你要做出判断，两人是否还有感情基础，如果答案是肯定的，那你一定要调整心态，坚定信念。困难和挫折肯定会有，但也只是一时的，虽

说覆水难收，但不代表绝对不能收回来。况且很多成功案例也是鼓励你前行的明灯，一旦下定决心就要坚定自己的立场，左右摇摆不定，谁都很难帮你，挽回自然也是困难重重。

二、对方躲着我 / 不愿意跟我有交集 / 态度强硬甚至恶劣怎么办?

分手后你信心满满地去挽回对方，却碰了一鼻子灰——对方根本不理睬你，甚至是刻意躲避和排斥你。对任何问题都要先分析原因，再谈具体的对策。其实原因很简单，因为你前去的时机还未到，恋人对你的印象还是非常消极的，而你的措施又带给他/她很大的压力，在这种排斥和压力的双重感觉下，对方自然会排斥你。

解决问题的方式也不难，难的是找到合适的时机：当恋人对你的反感情绪降到最低点，同时曾经的感情还存在时，那就是你最合适的挽回时机，因为至少他/她不会太排斥你，这对你是最好的信号。假如他/她总躲着你，就要找你们的共同好友帮忙。如果没有交集也没关系，创造一次偶遇的机会。方法虽然很简单，但需要把握最合适的时机，还要消除对方的戒备心理和顾虑，这两点需要你特别关注。

三、关于压力和纠缠的纠偏

关于挽回恋爱关系中的不施压或不纠缠，可能不少正处在挽回爱情路上的困惑者在理解上会有些偏差，所谓的“不施压”“不纠缠”不是说出来的，而是以一种潜移默化的方式做出来的。永远别去发短信说“我不纠缠你了/我不给你压力了”这样的话，这只会给对方带来更大的压力，导致其更想躲避你。

去做，而不要不停地说。想通过冷冻方式消除对方的防御心理，一定要用积极的态度和正确的方式应对。既然选择冷冻，那就去行动，找最合适的姿态去做。

意识形态永远体现在你的行动上，假如把挽回这件事当作追逐梦想，那上天永远青睐能够抓住机遇，在一开始就不假思索地做出选择判断、愿意付出足够努力的人，而非整日抱怨和空谈的那类人，我希望各位能明白这个道理。

四、对方有新恋人了，我还能挽回吗？

这是非常棘手的、很令人困扰的问题。在遇到此类问题时，咨询者普遍会乱了阵脚。因为在绝大多数挽回者的观念里，这代表着自己机会渺茫，于是产生了放弃的心理。但不管你的内心有多痛苦，都要意识到：只要你有意愿挽回，那还是有机会的。虽说对方已有新的恋人了，但这不代表他们关系已稳定。

如果你自此沉沦并放弃，我要提醒你：你有挽回的机会，而且挽回和对方是否有新恋人的关系不是非常大。别去不停地追问对方新恋人的情况，这除了会引起对方的反感和徒增你的烦恼之外，对你的挽回没有任何积极意义。

太在意这件事，只会放大挽回的困难，让你不战自败。按照正常的挽回流程，以一个全新的姿态，表现出一个更加优秀的面貌，重新介入对方的生活，你的恋人心里自然会对新旧两人有所比较，你永远改变不了对方的内心，你能做的只有让自己变得更优秀，让自己在他/她心中的分值更高。

五、挽回的成功率有多高?

这个当然要根据案例的具体情况而言，但也有一定的规律可循，我根据这些年的经验跟大家说一下。

挽回的时间越早，成功率越大。

分开后变数很大，感情很容易就变淡。例如，前几天还好，但对方突然有了新的恋人，这种情况挽回的时间需要加长一个月以上。

挽回的方式出错，难度增大。

如果在挽回的过程中做了一件错事，挽回的难度会立刻增大。例如，有个人分开后每天给对方说晚安，问他最近怎么样，发了几天后突然被拉黑了，这种情况挽回对方的难度便增大了。所以挽回需要专业指导，千万不要用错误的方法挽回。

另外，还有一些规律能大体判断挽回难度：

对于大多数情况来说，婚后男人挽回女人容易点，婚前女人挽回男人容易点，因为离婚对女人来说损失比男人要大；

男人提出分手是坚决的，女人是立场不坚定的，所以挽回女朋友比挽回男朋友要难一点；

二三线城市比一线城市北、上、广、深容易，因为大城市的诱惑太多，选择太多；

微信没删掉或拉黑的比已删掉或拉黑的容易很多；

平时有联系的比没联系的容易；

能见面的比异地的容易；

对方还没新的对象的比已有新恋人的容易；

如果是自己出轨的，比自己没出轨的要困难；·

你们在一起相处时间长的比时间短的容易，比如已婚3年离婚的比恋爱3个月分手的容易挽回；

对方亲友站你这边的比站在他/她那边的容易，如果他/她的爸妈支持你们，复合就比较容易；

姐弟恋女方挽回对方难一点，因为姐弟恋本来就是不被看好的；

有家暴的难一点，如果因为家庭暴力导致分手，挽回不容易；

对方恋爱经验多的难挽回，比如对方经常换女朋友的。

大家可以根据以上的列举，结合自身情况评估一下挽回成功率。

但我还是要说，不懂挽回技巧盲目操作的，成功率低于20%，我看过太多分手后还以哀求式纠缠对方的，都失败了。按正确的方法去做，执行能力好，挽回的成功率高达80%。

我的一对一的500个客户中，成功率大概是70%，不成功的很多是因为执行力不好，还有少数人找到了更合适的对象，干脆不挽回了。

六、成功挽回需要多长时间?

很多客户选择用我的挽回技巧后，都会急着问我，成功挽回要多长时间?

这个问题没有标准答案，但我可以把需要的大概时间告诉你：挽回的时间长短取决于你自身改变的速度，也就是你的执行力，如果没有按流程做好就跳过，对方的回应不好，那就会增加挽回时间，如果把重新获得吸引力的工作做好了，剩下的就要看对方的回应了。

根据我的经验，挽回通常需要1~3个月；假性分手1个月内，如果1个月内没挽回也会变成真分手。

这个时间是怎么计算的呢？

冷冻断联期是1~2个月，测试回应2次，如果回应不好则加长冷冻断联的时间，如果回应好就开始互动，从开始互动、对方的回应不错到成功复合，大概需要1个月。如果是你的微信被拉黑了，测试一次还没加回来好友，那挽回可能要3个月以上。

我建议想挽回的朋友，以4个月为期限，按挽回流程把能做的都做了，通常能够挽回成功，不过，万一失败了建议你开始新的恋情吧。我们的生命有限，你在这个过程中已经提升自我了，也能找到更好的对象，感谢生命中出现的他/她吧。

七、微信和 QQ 被删怎么加回来？

因为我们在挽回过程中要做重新获得吸引力的工作，也就是要利用社交软件展示自己的状态，但有些人分手后会把你的微信或QQ删掉，这样对方也就无法看到你的改变了。

有些人会急着把他/她的微信加回来，但问题是，如果太急着加对方，对方很可能不通过，那挽回的时间又要加长了。

所以既然被删了，就先不要着急加回来，更好的办法是先冷冻一段时间，等你自身做出改变。当你生活节奏调整好了，也已经在朋友圈发了几组生活近况后再申请加对方为好友，对方看到你最近的生活状态时不仅会产生一种新鲜感，还会试图重新认识你，这比你在什么都没改变前就加对方要好得多。

八、微信被拉黑怎么办？

分手或离婚后被拉黑的事经常发生，特别是在挽回过程中不断联系对方，这种情况十有八九会被拉黑。所以我一开始就建议，冷冻期千万别骚扰对方，当你发信息对方不回复时，千万不要再接着发。但万一你现在已经被拉黑了，那应该怎么办呢？

虽然成功率不会太高，但办法还是有的。你可以建一个新的微信号，开始按重新获得吸引力的方式在朋友圈做一个展示，但注意不要太过频繁，也不要无病呻吟，刻意表现。设置为陌生人可见，一个月后再用新的微信号加他/她说“我换微信了，加一下”。

如果通过了最好，即使没通过，对方也有可能看到了。

为什么不可以马上加对方呢？因为挽回需要改变，最好在你加他/她的时候，你已经做出自身的提升了，这样挽回成功的概率也大一点。

九、对方有新的恋人怎么办？

分手或离婚后，对方很快有了新的恋人可能是你最担心的问题。那遇到这样的情况你要怎么对待呢？

我在前面说过，分开后要想挽回需先冷冻，不要主动联系对方。有客户会问，如果冷冻期内我发现他和别的女人约会，难道我眼睁睁地看着他和别的女人在一起不管吗？

我知道遇到这样的事情谁都淡定不了，但小不忍则乱大谋，做小动作捣乱只会使你们的关系变得更糟。

你要清醒地意识到，你们已经是独立的两个人，如果你干涉对方的生活，对方很可能会更加反感你，你们的矛盾不但没有解决还会升级。

我的建议是，如果对方又找了新的恋人，你可以用预选的方式去刺激对方。

有一个客户在和前女友分手一个月后发现对方开始和其他男人约会了，他非常沮丧，急着要阻止对方。

我问他要如何阻止？他想了一会儿，说："我去找那个男的说我还爱她，要和她复合，她要我做什么我都答应。"

我回答说："假如你的前女友哭着求复合，你会答应她吗？"他想了想，说："不会。"

他又说："那我要去找那个男的，跟他说她是我的女朋友，叫他不要乱来。"

我回答说："假如你和一个女生约会，她的前任过来找你，你会不会觉得他很傻，觉得他是个Loser，你会因为他而不和女生约会吗？"

他无奈地摇摇头，最后他反问我："那我能怎么办？"

我建议他一个方法，就是："你可以找女同事、普通女朋友或女同学聚会，去刺激对方，让他觉得你并不孤单，也从侧面告诉她，你对女性来说很有吸引力，你不是一个Loser。”

另外，对方这么快结交新恋人可能并不是偶然的，很可能正是因为有了新恋人才跟你分手或离婚的，只是你当时不知道隐藏的第三者而已。

“我可以和他/她开诚布公地谈谈，问问他/她的真实想法吗？可不可以真诚地和他/她沟通一次，问清楚他/她的想法？”

“不可以。为什么没有用？因为你们的问题还没解决。”

“如果你以为挽回是真诚地和对方沟通，告诉他/她自己的想法，或问一下他/她的想法，用真心去挽回，就可以成功，那说明你太天真了。”

“这样做的结果已经很明显了，对方可能会婉转表达，他/她不是不喜欢你了，只是不适合在一起。你说可不可以不分开，他/她可能还会安慰你，不要难过，你会找到更好的。总之他/她想要的就是分手。”

第三章　你被分手的真正原因和挽回策略

一、你被分手的真正原因

挽回爱情之前，最关键的一点是意识到问题的根源，只有解决彼此之间存在的根本矛盾，才能紧紧抓住挽回的机会，才不会存在恋爱再次失败的可能性。

可是当遭遇分手，大部分人都会带有歉意，用满脸的诚恳告诉恋人说："我知道我哪里错了，请你再给我一个机会吧！"

可这样做的实际效果呢？根本起不到任何作用。因为你只是单纯地看到了流于表面的问题，没有意识到分手的真正原因，不经过理性的思考和分析是很难化解矛盾的。

你看到的，其实只是问题已积累到一定程度才爆发出来的矛盾点，这就犹如管中窥豹，只见一斑。

听说过沙堆效应吗？建筑工程中的沙子是逐渐堆积起来的，堆积起来的最终形状是金字塔，但在堆叠期间，总会有一粒沙子的重力影响整个形状，在一定程度上毁坏沙堆。但根本问题不是这粒沙子，真正影响整个沙堆形状的是顶尖无数的沙粒，但我们的潜意识里看到的就是那一粒沙子。

请放下眼前的问题，换位思考，站在对方的角度去看整个爱情的走向：起初你们的爱情是甜蜜的，但总会有没及时解决的矛盾，可能在你看来没什么，但早在恋人心中埋下了隐患，日积月累，愈演愈烈。你只看到了击垮爱情的最后一粒沙子，却没有感同身受地意识到给对方施加的每一次压力。

其实在分手之前，即使你没意识到，但你一直处于恋人对你的测试中。待到矛盾爆发，你只看到那粒沙子，即使痛心疾首地承认错误，但在对方看来却是你根本没意识到真正的问题，对方又怎么可能跟你重归于好呢？！这会让他/她认为你极不成熟，更是不尊重对方的表现。对于你的挽回，他会表现出不想听你说话，不认同你的道歉，直至开始躲着你，拉黑你的联系方式，从而彻底断绝挽回的机会……

只有意识到根本原因，找到爱情出现的根本矛盾，才能为挽回铺平道路。在这里，我们总结出一些常见的分手原因（本文并不涉及社会化的因素或更深层的矛盾因素），需要提示的是：男性和女性被分手的原因是不同的，所以文章中会分开阐述。

二、男人提出分手的真正原因

和女人提出分手的原因不同，男性更偏于实际，且在对待爱情的问题上会非常理性，所以男人提出分手的原因集中在如下问题上：

（一）遇到了更漂亮的异性

即使你不愿意相信，但这恰恰就是事实！男性本色，容易垂青于美丽动人的异性，假如男人突然提出跟你分手，很有可能是对比你更有魅力的女性动了心。

其实，这从侧面说明了另一个问题：你还不够优秀，至少在他看来是这样的，你还需要做出一定的提升才能得到他的青睐。

（二）家人或朋友不认可

虽说男性很理性，但在两性相处的关键时刻，往往更愿意听取家人或朋友的意见。深入分析挽回案例，会发现有非常多的男性，会因为父母的反对或者朋友的不认可而改变对异性的态度。

恋爱中的人都是盲从的，可以这样说，男性谈恋爱这件事，有一部分人是做给他人看的，借此证明自己的存在感。于是在这段爱情得不到周围人的重视和赞许，甚至被反对之际，他的内心很容易滋生消极心理，觉得这段爱情可有可无，从而在茫然不知所措时提出分手。其实在这种情况下，他多半还在犹豫，如果善于抓住机会，此时很容易挽回对方。

（三）放荡不羁爱自由

男性又何尝不是矛盾的物种呢？在恋爱之前喊着自己很寂寞，想找个姑娘陪伴，但真正开始谈起恋爱，当爱的新鲜感消失殆尽时，会感到一种前所未有的、由内而外的束缚感。

有的男性因为自小习惯了自由，很难忍受这种因恋爱带来的束缚感，再加上可能姑娘对他有点黏，甚至“强制管制”……男性自然会在内心深处有一种呐喊和逃跑的冲动。

（四）忍受不了小题大做

两性相处中的男性，大多会突出地表现出大男子主义；而恋爱中的女性，假如不懂得克制，很容易变得“公主病”缠身。可以这么说，“公主病细胞”一直存在于所有的女性体内，但这些都是良性的，只有在激发下才会产生病变。

比如娇生惯养，再比如恃宠而骄，这些都是刺激因素。有的女性在恋爱中会变得为所欲为，仗着男友对自己的疼爱，愈发地暴露出一身的公主病，爱小题大做，无中生有，愿意在一些鸡毛蒜皮的小事上为难恋人，大有一副“你能奈我何”的样子……甚至会有“又想当公主，还想扮女王”的想法，这些无理的要求让对方实在难以招架，最终崩溃直至提出分手。

（五）不懂得支持保障

只知道索取，不愿意付出，这同样是让感情破裂的常见原因之一。一段不公平的爱情，如同两人在玩跷跷板，你光知道索取，不明白付出的意义，于是一直牢牢地压制着跷跷板的一头，而另一头的恋人悬在空中，一直下不来……别忘了，这会让男友的心也悬在空中，空荡荡地难着陆，这是一种糟糕至极的体验。

虽然男人赚钱养家天经地义，但疲惫一天的他，希望得到的是支持、体贴和保障，而不是索取、埋怨和数落。无怨无悔的支持能让他感动，但一味地埋怨只能把他推向远处。

三、女性提出分手的真正原因

恋爱矛盾点永远集中在不能满足对方的爱情需求上，一旦积累到爆发点，那分手也是自然的，结合女性在爱情中的基本需求，很容易得出男性被分手的根本原因。

（一）身上毛病多

恋爱之初，谁都会把自己最完美的一面表现出来，但随着彼此的深入接触，彼此身上的问题会暴露得越来越多，假如对方可以承受，或经过沟通，男性适当地改正或杜绝，那自然可以将爱情进行下去；倘若问题得不到解决，越来越多的毛病集于一身，那结果自然不言而喻。

（二）生活方式太糟糕

在大多数女性看来，拥有良好的生活方式的男性代表着足够的安全感。

别意外，在女性的思维观念中，高端的生活方式和优质的人脉圈子，代表着较高的社交价值，拥有高水准的人脉，能够提供给爱人足够的生活安全感。

于是，不管是社交价值太低，还是拥有糟糕的生活方式，都很难给女性想要的安全感，自然也会给爱情的失败埋下伏笔。

（三）没有上进心

前面谈到，分手的根本原因在于恋爱中女性对爱的需求未得到满足。女性是极其渴望安全感的，在这点上还表现在对恋人是否有上进心方面。

在接触期间，女性会不停地用各项评判标准去断定恋人是否是潜力股，是否值得自己托付终身，而这些则会突出表现在男性的上进心层面。不能把这些当作是物欲的表现，正如男性更关注异性的容貌身材，女生则更在乎爱人的财力和才能，这其实是一个道理。

没有上进心，很大程度上代表着没有可靠的物质生活，爱情不仅是精神层面的，也脱离不了物质。若是总在爱人面前表现出慵懒的样子，一点上进心也没有，怎么可能给她足够的安全感呢?

（四）不懂得为人处世

这里说的为人处世，不是圆滑世故。

其实男性的处事方式，恰恰代表性格的成熟与否，放荡不羁是生活态度，看似很吸引女性，但理性的姑娘寻觅的生活伴侣永远是成熟的男性，而成熟则体现在生活的方方面面，比如生活态度、办事风格、为人处世等等。

不懂得为人处世，必然会让女性看作是不够成熟，不成熟的男性自然难以驾驭一段成熟的爱情。

（五）不够沉稳

不够沉稳，遇到事情，一时棘手就慌了神，换言之，也是不够成熟的表现。女性对于爱情的需求，更多是为了寻觅合适的依靠，无主见，办事不沉稳，缺乏社会经验，遇到这样的男性，女性很难找到安全感，更别说愿意依靠这样的男人了。

（六）不善沟通

热恋期的恋人原本无话不说，怎么随着长时间相处，话语反而越来越少呢？这很可能是由于沟通不到位导致的。这个问题看起来不大，但随着矛盾的积累，很容易形成难以突破的隔膜。这种隔膜很可能源自共同话题越来越少，彼此早已不在一个思维层面。

（七）比较悲观

乐观的心态是可以传染的，但远远不及悲观的传播速度。对于整日黏在一起的两人来说，悲观的传染力更强烈，假设男生总把忧郁当成自己的魅力，整日处于悲观之中，那一定会让女友敬而远之。

在女生的观念中，这是男性不自信的表现。对未来没有任何规划，对未来的生活不抱希望，这种情绪无疑具有极强的传播速度。其实女生要的很简单，就是能开开心心在一起，即使能看到未来很平淡，但只要幸福就够了……若是连起码的未来都不能让她看到，那女生一定会对你说“对不起”的。

（八）占有欲太强

任何男性都有大男子主义倾向，这早就印刻在基因深处。轻微的大男子主义会让男性变得很Man，但太强烈的话，一定会让恋爱关系变得糟糕。比如说，强烈的占有欲望，监视对方的一举一动，要求对方把密码都交出来，还要汇报自己的行踪……

一开始或许还能理解，时间一长，再强大的内心都难以忍受——毕竟爱情也需要空间和最起码的尊重。

（九）与浪漫绝缘

浪漫就是送花吗？当然不是！有这种想法，你只是看到了浪漫的表象，却未能想到其实浪漫是很容易满足女生恋爱需求的一种爱情技巧。

看起来女生在两性关系中的诉求很多，要男性有上进心，有足够的宽容心，保持沟通，成熟稳重，有良好的社交价值……其实汇总起来很简单：只要在满足她们安全感的前提下，时而带来小惊喜，就会牢牢地拴住女生的心。

任何女性都喜欢浪漫，浪漫对于女性来说不单单是表达情感，更是一种惊喜和感动，是一种情感的宣泄方式。给予女友浪漫感，其实就是在表达爱情的无数种可能。若你实在有点木讷，根本洞察不了女生的心，那就很难保证爱情的长久了。

四、辨别假性分手和真性分手

恋爱中的人是幸福的，但不是所有的恋情都能长久，世间最悲哀的不是未能走到一起，而是“曾经拥有”。一段爱情抽丝剥茧般脱离自己，当彻底醒悟过来才追悔莫及……

一段失去的爱情还能找回来吗？

这得看你的诚意和方向，在这里，诚意指的是“你挽回的意愿有多少”。当然，既然你能仔细阅读这篇文章，说明你的意愿一定很强烈，而方向指的是挽回的技巧，光有诚意和毅力是不够的，因为我不止一次看到失恋的朋友在面对挽回前任这件事上是盲目的，不是消极悲观地对待，就是死缠烂打，可收效甚微，甚至起到反作用，彻底葬送挽回的可能性。

要想挽回爱情，首先要把心态放平和，然后理性地判断是真性分手还是假性分手，再选择恰当的挽回方式，坚持下去，总会有让你满意的结果。

在说技巧之前，先解释这个问题：判断真假有必要吗？

很有必要。真假分手在本质上是不一样的，而挽回的策略和流程也截然不同，假如不经过思考就妄下结论，很容易造成指东打西的错误——挽回是最后的机会，一定不可盲目！

真真假假，假假真真，扑朔迷离的背后，总能找到你想要的线索，请尝试在下面这些衡量指标中找到你想要的答案。

第一步：看对方的态度

最行之有效的方式就是看对方的态度，真性分手和假性分手的提出者，心态方面是完全不同的。

真性分手的表现态度很常见，提出者早已对你和恋爱都否定过无数次，在最终提出分手时，其实早彻底死心，于是表现出来的态度也非常明了：排斥你，刻意排斥感情，告知别再联系，更会坚持这样的态度，因为提出者对你已真的绝望了。

而假性分手呢？重点在于“假”。对方根本没有与你分手的想法，但由于“分手”这件事能够给他/她带来一定的好处，所以提出者假意做出分手的决定。那有哪些原因会致使提出者用这种方法制造“威胁”感呢？比如两人相处中出现不可调和的矛盾，谁都不愿意让步，矛盾愈演愈烈，于是一方会用分手来威胁对方妥协……

对方的态度也和真性分手有所区别，面对你的道歉不会刻意排斥，会接你的电话，但刚开始会冷冰冰的，其实都是在透露一个信号：只要你意识到问题的严重性，坦诚地承认自己的错误，那一切都可以恢复正常。

假性分手，换个意思就很容易理解了：你的恋人闹小脾气呢，快点去哄哄他/她吧！

第二步：看对方的网络状态

现在越来越多的人习惯于用网络抒发自己的情感，表达自己内心的真实态度。假如对方分手之后，朋友圈或微博里静悄悄的，仿佛什么都没变，那很有可能是真性分手，由于对方内心早就下定决心，自然也早接受了这样的事实，根本不会在朋友圈暴露这些。

但若是假性分手，可能对方会在朋友圈里大吐苦水，或是发一些暗示自己失恋了的状态，目的就是引起其他人的追问——别疑惑，其实他/她做这些都是表现给你看的，意思就是让你快低头去找他/她。

第三步：看邀约的反应

假如用前两步的方式还是难以辨别，那不妨尝试邀约。

即使分开，但你还可以用朋友的身份邀请对方见面，吃饭和聚会，等等，假如她/他依然答应跟你约会，那一定是假性分手，不过若是他/她拒绝得很干脆，甚至在你的多次邀约之下选择彻底消失，那可能是真性分手。

依照上面三个步骤判断，假如你们的感情是假性分手，那快点行动，拿出你的诚意来打动对方；若是真性分手，也无须丧失信心，即使挽回稍难一些，只要坚定信心，依照我讲到的技巧，也能达到一定效果。

五、假性分手的挽回策略

假性分手是比较容易挽回的，因为对方内心所期待的就是你承认错误，主动向其低头，换句话说就是对方在赌气，而恋人所生气的地方在于你们当前的相处模式令对方不舒服，或者是在你身上的某种问题制约着两人的良性发展。于是问题很容易得到解决，你所需要做的就是找到矛盾的根源，积极解决，并让对方看到你的态度。

挽回的操作方式看起来很简单，但众多案例清楚地暴露出：在遇到情感问题时，一旦挽回者真正地操作起来，棘手的问题如同乱麻一般纷扰纠缠。但这并不是因为你没有正确操作挽回方法，而是在一开始就思维紊乱，导致理论到位，但实践经验为零，所以操作起来很混乱。在这里，我们特地总结出最合适的挽回策略，结合下面的流程将会让你有如神助。

第一步：不抛弃不放弃

在辨别出你们的关系是假性分手后，第一步要做的就是抛开所有的负面情绪，并做到让对方脱离不良情绪。即使你很愤怒，你也正处于爱情失利这糟糕的漩涡中，一定要试图让自己跳出来，减少外在冲动的行为，更要有沉着稳定的心态。因为我想你一定明白，在这个紧要的时刻，没有什么比冷冻更能帮助你。

冷冻不需要真性分手的时间那么长，大概冷冻一个月内，时不时和对方保持朋友那样的联系，别暴露需求感。

在冷冻期过后，接下来应当做的就是主动出击，拿出你的态度来，让对方知道你对这段感情很在乎，不会轻易地放弃，这个环节叫作“破冰”。是的，你们的关系达到了冰点，你所做的就是拿出足够的真诚和适当的态度，配合足够的主动攻势，告诉你的恋人：我不会轻易地放手，因为我很爱你，我很珍惜这段感情。

选择假性分手的一方，内心仍处于矛盾徘徊状态，但本质上他/她是不想分手的。而这个破冰过程，自然在恋人消除心中的这种糟糕情绪后，等到其情绪缓和，不再坚持分手的决定，再继续下一步。

第二步：重新塑造吸引力

总结大量的假性分手案例，很容易发现：提出分手的原因之一，是对方吸引力不足，随着相处的深入吸引力消失殆尽。想挽回自己的恋人，在第一步已经打动他/她的基础上，你要做的就是重新塑造对对方的吸引力。当吸引力这个奇妙的东西回到你们中间时，联系感和亲密感自然也回归了。

内心深处对伴侣的诉求，主要存在于这两点：你变得更有魅力；你真的很爱他/她。而这两点也是分手的根本原因之一，因为感觉不到你的改变，所以丧失吸引力，自然开始觉得自己并不那么爱你了，于是提出假性分手。

于是问题也很容易解决，尝试改变自己，这没什么难的，爱情本来就是如此，两人的性格、爱好、生活习惯在一开始接触时一定会产生各种冲突，但随着理解、宽容和磨合，爱情自然得到升华，这是所有成功爱情的必经之路，永远别怀疑这条真理。尝试改变自己吧！让恋人重新感觉到信心，用你的行动坚定其信念，爱永远不能靠语言来证明，想让他/她明白你的爱，最大的诚意是行动。

第三步：优化关系模式

做完以上两步，相信你的恋人已经回头。但这还没结束，假如只有上面两步，那再遇到问题之后，你们还会有分手的可能性。明白吗？你只解决了当前的表面问题，但尚未根除爱情病症的根源。既然你们的爱情模式出了问题，那做关系优化是很有必要的。

改变不良的交往方式，积极地向最适合两人的相处方式上靠拢，最大限度地找到能让恋爱中的彼此都满意的沟通模式。

六、真性分手的挽回策略

前面讲过，若你们的关系是真性分手，那说明对方对你的情绪是厌恶的，是有排斥倾向的，挽回对你来说也变成了一件很困难的事。但这不代表你们的爱情已经没有挽回的余地，只要你能承受压力，并且愿意坚持适当的方法，那还是有机会找回幸福的。

重新获得吸引力是挽救爱情的最佳方式，由于更针对真性分手的挽回策略，所以在这篇里会更倾向于策略和步骤。而在接下来的介绍中，还会有专门的章节进行重新获得吸引力的理论和实战剖析。

真性分手的正确挽回策略步骤如下。

第一步：空间抽离

提出真性分手，意味着你对伴侣的吸引力荡然无存，于是你再怎么纠缠对方，都意味着你只能让对方更加厌恶。所以现在最适合你的方式是：抽离。

所谓的空间抽离，是如其所愿，像人间蒸发一样，看似彻底地消失在对方眼前。这样做不是放弃，而是在给他/她一个冷静的时间，并最大限度地淡化你给他/她留下的糟糕印象。

虽然我明白，彻底地离开恋人一段时间，在你看来是一件非常困难的事，因为现在你内心深处最急迫的就是想挽回对方。但在真性分手的情况下，你越是着急越是起反作用。

第二步：提升自我

抛开分手的原因不谈，有一点你必须要承认且面对：你不够优秀，甚至可以说，在你身上有着制约你们关系发展的致命缺陷，即使你看起来无关痛痒，但在对方的眼中却是极难容忍的。

于是，在你空间抽离的这段时间里，你无须苦苦等待，而是要做出自身的改变，努力让自己变得更加优秀。思考你们之间的问题所在，想明白恋人对你态度转变的根本原因……这是你努力的方向，更是能帮你在这段关系中立足，打造高价值自我的前提。

第三步：重新建立联系感

联系感，不单单是你想的“和对方联系”，由于你是带着“重新获得吸引他/她”的目的去接触对方的，所以在塑造更有魅力的形象之后，你才有足够的资本。可以很肯定地说，第二步是必不可少的，只有在第二步的基础上，才能勇敢地向这个方向迈进。

你的内在提升，带来的不仅仅是内在的改变，更会溢于外表，增加你的自信心和气质，于是在你精心安排的互动之后，你们很容易再次建立联系感。

重新建立联系的前提是：你已经变得比以前有魅力，这里所提到的魅力既包括你的价值取向、个人修养，也包括你为两人未来的美好生活做出的努力。

第四步：建立足够的舒适感

你们可以正常联系了，继续保持，不要一下暴露需求感，由轻微的暧昧感开始，就像当初你们刚认识时谈恋爱那样，让关系慢慢发展，逐渐建立舒适感，只要按照平常的互动流程和步骤即可。

当你确定对方又喜欢上你了，已经收到明确的信号了，这时你才可以用你的实际行动，等待合适的时机，重新找回亲密感。

但这里值得注意的是，尽量少提之前的感情，虽然在你看来往事是如此的美好，但在对方的内心多少会有些抵触，提及往事，必然引起思维上的反感和潜意识中的排斥感。尽量把这段爱情当作一次全新的交往，那么你们的爱情将会很轻松地回到当初刚开始恋爱时的状态。

第四章　挽回爱情技巧四部曲

一、挽回原理和操作细节

挽回要解决的问题：矛盾点、吸引力，所以挽回的核心是化解矛盾和重新获得吸引力。

客户找我前都会问，为什么用你的方法能挽回呢？挽回的原理是什么？

我会告诉他/她，简单来说，就是不要事先表达出想挽回的意图，不跟对方纠缠，以免造成矛盾升级。你要做的是去改变自己在他/她心目中的形象和提升自我的生活品质，调整心态，暂时把分手对自己生活的影响放在一边，让对方看到你时，对你有一个全新的认识。

这里有一个术语叫逆向合理化。当男女朋友分手后，如果发现对方过得不好或过得不如你好，你就会觉得心理平衡。但如果你发现对方比自己过得好，你心里是不是会莫名其妙地有点懊恼？

同理，分开后如果你变得更好了，他/她的心理会逆向合理化地认为分开是错的，然后你再以朋友的角色和他/她互动，这时候你们的关系是很微妙的，他/她会重新认识你，甚至主动挽回你。当然，成功与否还要看具体的操作细节。

（一）以退为进的关系逆转

有个女生问我，她和男朋友恋爱一年了，快要结婚了，但对方家里人反对，说家里人不愿意让他找一个比他年龄大的，两人快要分手了，她问我怎么挽回？

我给她的建议是，先退一步，跟他说“我们还是做回朋友吧”，然后再提升自己。

她着急地问：“现在这样说是要跟他分手吗？”

我说：“这是策略，只是说说而已，不是真的分手，要让他知道你可以离开他，然后把自己打扮得漂漂亮亮的，发一些平时生活中状态良好的文字或照片。”

她说：“原来这样，我差点搞错了。”

几天后她告诉我，他听到她主动同意分手，非常意外，因为他本来以为她会拼命挽留他的。然后他又在微信朋友圈看到她最近过得很好，他又突然着急了，觉得不能失去她，所以就主动复合了。

你可能会觉得奇怪，为什么反过来做有效，却不能表现出挽留他的样子？

当他提出分手，你表现出挽回的意图时，他是有主动权的，他会合理化地认为分手是对的，因为你在恳求他。

同样，你为挽留对方会表现出难过不舍时，你的心情低落，状态差，吸引力会随之降低。

另外，如果跟他继续纠缠，对方觉得反感，反而会加深对方的矛盾心理，可能会被他拉黑微信，到时就更难挽回了。

很多我接手前的案例就是这样，本来挽回是简单的，但因为他/她总是想挽回对方而不断联系对方，最终被对方拉黑了，挽回难度一下增加了好多。

为什么退一步是更好的选择?

退一步的目的是让对方重新认识你，利用这种心理特点，会让挽回变得更容易。

（二）化解矛盾点

化解矛盾点的重点是理解而不是对抗。同意对方分开的观点，不解释不对抗，让对方觉得你没有挽回意图。

矛盾增加：他/她说分手，你说不同意，就加剧了矛盾；

矛盾降低：他/她说分手，你说同意，就缓和了矛盾。

矛盾降低双方还有机会做朋友，矛盾升级有可能就变成了仇人。为了防止加剧矛盾，先口头表示同意分手，但实际你们还可以保持互动，再试图寻找机会修复关系。

化解矛盾的操作公式：口头表示同意分手，找出问题承认错误，认同对方的付出。

你要做的就是承认错误后给彼此留出空间。

下面是我为客户操作的两个案例，为化解矛盾给另一方发的内容：

一则：“我终于想通了，你离开我是对的，我不会打扰到你的生活了。”

二则：“最近反思我们之间的事情，忽然发觉自己的EQ远比自己想象中要低，原来你之前给了我如此多的机会，所以现在你下定决心要离开我，我也能完全理解。”

三则：“以前我不够重视你、理解你，你也给过我机会了，我现在觉得你离开我是对的。感谢你对我们之间感情的付出，也感谢你让我意识到自身如此多的不足。我为我对你所造成的伤害，说声对不起。为了不使你再次被伤害到，我不会再跟你谈起感情的事了，希望你过得开心。我会尝试让自己活得更有意义，感谢你，让我看得更清楚。”

对方提出分手，怎么给对方降压？

提出分手的一方，绝非是冲动思想在作祟，这个想法其实在其脑海中盘旋已久，只不过因为点燃了导火索而爆发。可以肯定的一点是，对方正处于情绪值爆表期，同时还伴有“情感高血压”的症状：内心暴躁不安，具有极强的负面情绪，不愿意看到你，希望你马上消失！

在这种情绪的作用下，你越是不停地解释道歉或是挑起争执，越会让对方的情绪值爬坡，所以现在我们做的是退一步灭火，只有这样才能给接下来的挽回做足够的铺垫。

1. 接纳恋人的情绪

如果你所面对的恋人像一个随时可能会爆炸的炸药包，提醒你千万别轻易地触怒对方，要试着控制自己的情绪和行为接纳对方，即使我知道这很难，但只有困难才能让你真正意识到问题的症结。

接纳他/她，认同他/她，这其中的核心观念就是：收回你的观点，试着认同对方的观点，不要把自己的态度强加给对方；即便说出了“马上消失在我的面前，咱们分手了”，你也要压制住心中躁动的情绪，保持暂时的默许，别彻底地点爆他/她。

下面举两个例子对比一下。

【A】

女：滚开，你这个混蛋，我再也不相信你了，咱们彻底完了，分手吧！

男：难道你就没问题吗？这一切都是我造成的吗？当初你……

女：到这个时候还翻旧账？真不是个男人，你走开！

男：走就走，再也不想看到你了！

【B】

女：滚开，你这个混蛋，我再也不相信你了，咱们彻底完了，分手吧！

男：好，我这就走。

初看A和B的结果一样的，皆以男性离开而告终，但对于分手的提出者，情绪上是有本质区别的。例A中随着男性的辩解，女性的情绪被彻底引燃，接下来她只会庆幸男生“滚得好”。但例B中的女性，会在一定程度上被这种接纳感抚平情绪，哪怕只有一丁点，但也比当前的状态好得多。

2. 先不提感情

在恋人提出分手后，两人的状态是截然相反的：你很舍不得，对这段感情日思夜想，但他/她对你们之间的关系是非常抵触的，只要一回想起曾经的过程，率先想到的是原来的不愉快……这种本质的区别，将会让两人的举动产生明显的差异。

但既然想挽回两人的关系，那就千万别只在乎自己的情绪，还是得多关照对方，因为现在给对方“降温”才是最重要的。别在他/她面前提感情，免得让你的形象一塌糊涂，甚至这种行为还会造成他/她对你彻底的抵触，当这种情绪在脑海中挥之不去时，你的挽回将会变得难上加难。

3. 像普通朋友一样相处

“分手后还能做朋友”，分手的提出者经常会说出这样的话。暂且不论对方的真实心理（是真心实意，还只是安慰你），你可以把这句话当作你挽回的机会。因为你们还有情分，即使可能在提出者心中你身上的一些缺点造成了你们的隔阂，但曾经的情感是永远不能忘却的。

你可以顺势而下，在达到给其降温的目的的前提下，同时还能借助对方的这句话，利用全新的身份展开“重新获得吸引的机会”。

二、冷冻的原理和实战操作

被分手，绝大部分女性的下意识举动都是哀求和解释，不停地寻找自己的错误，重复再重复，目的就是获得对方的原谅。

但这种行为可能极难让男性回心转意，甚至还会把事情弄得很糟糕。其实原因很简单，男性不会轻易地提出分手，一旦说出，代表着内心深处已把你和你们的感情彻底否定了。

于是，不管你怎么解释，不论你拿出多少诚意，对于他来说都是零，甚至会成为负数……所以你也的确会看到他开始躲避你，厌恶你。假如你还把这种信号当成自己的诚意不够，难以打动对方，那更是会酿成大错。

看到这里，你一定很想知道，不去哀求，不去表达自己的诚意，那一定应该有更好的方式——没错！现在对你来说，最好的挽回方式就是：不表示！平静地接受你们分手的事实，潇洒地离开，不再联系对方。

别怀疑！这不是放弃，而是最好的挽回方式——冷冻。

当然，这里说的不再联系是在一定时间段内不再联系，等对方的情绪有所缓和，待到他忘却不愉快的过去，能够自然而然地接触你，再选择时机出击。

我想你能想清楚冷冻的意义，但一定还有很多疑问，比如冷冻在什么情况下适用，需要多长时间，万一对方找到新的恋人怎么办？……没必要让这些问题成为你的障碍，因为你能在下面找到想要的答案。

（一）什么是冷冻？

就像你失踪那样，突然消失在他/她的世界，不打扰对方，不联系对方。

包括：不找对方，不主动见面，不主动电话，不在对方朋友圈点赞，不评论，不进空间等。

即使因为你们生活或工作的时候不得不见面或交流，你需要做的是不掺杂两人的情感问题，只当成普通人的正常交往。

冷冻的作用是让对方觉得你已经放下这段感情了，而他/她也放下了戒备心理，矛盾也会随之慢慢化解。

冷冻还有一个很关键的问题：如果你忍不住主动联系对方了，那前面的努力就会完全作废，而且增加了挽回的难度。

一个客户就在冷冻期过了一半后，有一天突然情绪上来就给前男友打了电话，问他还爱不爱她，结果被对方冷冷地拒绝了。虽然最后挽回成功了，但好事多磨，比原计划时间长了一倍，而且增加了失败的风险。

（二）为什么要冷冻？

不冷冻，两人会保持对立的角色，关系就会一直僵化，如果你做一些让对方反感的事情，对方就会产生敌对情绪，连挽回的机会都没有了。

既然解决不了，不如先退一步，时间是化解矛盾的良药，给对方一些空间，缓解双方的矛盾，冷冻可以让对方放下戒备心理，这样你才有更多机会挽回。

在这段时间，你需要改变自己在对方心目中的形象，需要时间做出改变，提升自我，扩展生活方向。

所以冷冻是挽回的必要步骤。

（三）什么情况下用冷冻比较好？

如果对方给你的回复火药味很浓，一定要使用冷冻法，不过，你要记住：冷冻虽然是挽回的一大利器，但同时也存在一定的风险。

在这里，我的建议是：假性分手不要用冷冻，坚持联系不放弃，让对方明白你的真心；若是真性分手，对方对你不理不睬，甚至很干脆地拒绝和你见面并恶语中伤……那可以采用冷冻法了。换句话说：现在对方很反感你，同时又非常排斥你的情感，甚至会排斥任何人谈到情感，那么冷冻是你唯一的机会。

（四）冷冻期间会不会彻底失去他?

有些人会担心：如果我不联系他/她，他/她也不会找我，那我会不会失去他/她？有的人更是担心如果他/她有了新恋情怎么办?

你要记得，你要做的是修复关系，而不是为了联系而联系。你有两种选择：

1.倔强的你不断联系他/她，关系越来越糟糕，最后挽回不了对方的心；

2.你先冷冻两人的关系一段时间后再联系，挽回的成功率就提高了。

你会选择哪种?

冷冻断联只是方法，挽回对方的心，这才是你的目的。

我要告诉你的是，你表现出的焦虑和担心是因为你还没有接受你们已分手的现实，如果不冷冻你们的关系，你们的关系会越来越僵，早晚都是会失去他/她的。

冷冻断联是无奈中最好的选择，因为冷冻期过后你就可以主动联系对方了，这样对方才会重新接受你，不然你一点机会都没有。

但从另一个方面想，你们曾经相爱过，你们是有感情基础的，所以短暂的冷冻期并不代表结束，而是新的开始。

（五）冷冻期一般是多久?

我知道你想尽快复合，我能体会那种失去的心情，但挽回不是着急就能解决问题的，所有事情都要一步一步走，这样才能提高挽回的成功率。

冷冻期并不是越短越好，也不是越久越好。冷冻期通常在1个月以上，3个月以内，根据你们的具体情况，矛盾越大需要冷冻的时间越长。

如果你们还能聊天，还能经常见面，那冷冻期就可以缩短一些，如果对方不理你，冷冻期就需要久一点，如果对方已把你隔绝在他/她的关系网之外，则需要冷冻更久的时间。

（六）冷冻期他找我怎么办?

有客户问我，冷冻期我不找他/她，但如果他/她找我怎么办，不理他/她吗?

冷冻期并不是绝对意义上的隔绝，只是你不要主动联系他/她而已。如果对方主动找你，你是要做出回应的，但不要太热情。把他定义成普通的朋友关系就行了，千万别暴露需求感。

比如对方问：“你在干吗?”

如果你回复：“你最近还好吗？我很想你。”

那你的冷冻就作废了。因为冷冻期的作用是让对方觉得你已经放下这段感情了，但你突然冒出这样的回复，暴露出强烈的需求感，对方发现你的意图，觉得你还是在尝试复合，对你有所防备了，冷冻也就没有用了。

通常，我会建议我的客户不要急着回复他/她，可以晚点再回复，例如："我刚才在忙事情，有朋友过来了。"给对方的感觉是，我并不十分在乎你，你联系我，我并不会很兴奋，我已经接受了与你分手的事实。

三、断联的原理和实战操作

断联，顾名思义，就是在挽回操作初期完全断开彼此的联系，看起来是彻底放弃了这段感情，其实是为复合留有余地，在实战中运用起来非常见成效。

很多人不能理解断联的意义，认为在分手之际，双方都处于情绪的谷底，彻底断开联系岂不是雪上加霜吗？

还真不是。合理运用这个方法，会带来意想不到的结果。

（一）制造落差

假如你有个心爱的玩具，即使你已经习惯到忽视了它的存在，但突然有一天你发现玩具不见了，但由于已经习惯了它的存在，你的心里会不会空落落的呢？

同样，即使对方主动放弃这段爱情，也只是这段恋爱对其所造成的困扰暂时大于所带来的幸福感而已，这不能代表他/她已经可以彻底不在乎这段爱情带来的幸福和喜悦。

断联的第一个好处就是制造强烈的落差感，最大限度地唤回其对你的依恋情绪。

（二）制造新鲜感

一段爱情的产生，源自彼此之间的吸引力，而吸引力的来源则是一眼看不透的神秘感和新鲜感。

你们的情感出现问题，很大一部分原因来自新鲜感的缺失，而断联能帮你们重新找回这种情感，所以没有必要为暂时断开联系而苦恼。

（三）给自己一个缓冲期

客观原因分析完毕，再来看看主观因素。非常明显的一点是：刚刚被分手的你非常不适合立即采取挽回方式，不论是你目前的心态，还是彼此之间的糟糕状态。

给自己一个缓冲期，这是断联的第三个好处。在这段时间，除了调整自己的情绪，还应当努力提升自己，找到情感出现问题的根本原因，修复矛盾根源，增强自我魅力。

假如在分手之后还很频繁地联系对方，即使在一段时间内有所改变，也很难让对方察觉到，因为你的变化是细微的。

但断联可以帮助你。当你消失一段时间后，再突然地出现在他/她的面前，一定能更突出地展现出自己的魅力，唤回彼此昔日的情感会变得更加容易。

那么接下来的挽回操作将会非常简单，只要你能把握机会，建立足够的信心。

四、挽回核心技巧：重新获得吸引力

（一）什么是重新获得吸引力

重新获得吸引力有别于第一次获得吸引力，它是建立在感情出现重大变化（关系瓶颈或分手）之后，用一种全新的方式，借助改变自我来展现更高的价值和魅力，再一次吸引对方，完成关系破冰之旅。

第一次获得吸引力发生在你们初次认识之时，你们彼此相互吸引。重新获得吸引力和第一次吸引有很大的区别，第一次获得吸引力是在你们逐渐了解彼此的过程中发生的，重新获得吸引力是在你们曾经在一起过，他/她对你已经足够了解，现在你们的关系出现了问题，你必须通过改变和提升自我去打破他/她对你的原有印象，也就是重新吸引对方。

所以挽回的核心是重新获得吸引力，重新获得吸引力的核心是改变和自我提升。如果你没有经历这一过程，那问题还是没有解决。

（二）重新获得吸引力的四要素

1. 绝不纠缠

分手就分手了，爱情是两个人的事，即使你再不舍，也要勇敢面对。不打扰，是你最好的态度。断开一切联系，给对方留有一定的空间和时间，这样做不仅可以让一切不愉快变淡，更能放大那些弥足珍贵的过去——希望你能明白这个道理。

2. 提升自我

在不打扰对方的这段时间，有意识地改变自我，这是重新获得吸引力的核心。

在这期间提升自我，在个人修养和提升生活品质上做出努力，增强自我吸引力。

执行改变的程度越大，挽回的成功率就越大。

3. 制订未来计划

也许你们的矛盾点在于你们自身存在的缺点，在日常的交往中逐渐暴露，而在对方眼里看不惯或者认为是陋习的东西被逐渐放大，矛盾积累到一定程度致使隐藏的炸弹瞬间爆发，看似让人措手不及的被分手，原因其实潜藏在彼此星星点点的印象里。除了要清楚地认识到自身的不足并寻求改变，还要有一个长远的计划，关于自己的人生规划和彼此的未来生活。这既是给自己一个生活的明确方向，也能让对方看到自己的努力，并且让彼此的未来更加明朗。

4. 重新获得吸引力

当你对自己的表现和状态足够满意，且已度过“对方的负面情绪”爆炸期后，就是展开重新获得吸引力的时候了。其实当你前面的各项内容做得差不多了，你所需要的只是创造一次偶遇。

制造偶遇的方式很简单，虽然你们彻底断开了联系，但你们熟知对方的生活规律。制造一次不期而遇，在这个过程中尽量表现出“我变了，变优秀了，变得更有魅力更有价值了”，其实对方能很容易地观察出来——在分开的那段时间里，他/她会把你想得很糟糕，但真的碰面时，才发现其实你非常优秀。

接下来不用多讲，和谈恋爱没什么区别，用你的语言和行动重新获得吸引力，用你全新的魅力征服对方。

你是一个全新的自我，你摒弃了让感情出现问题的缺点，更在给过彼此美好的过去的前提下，塑造了更优秀的自我：对他/她来说，这是一个既熟悉又陌生的感觉，熟悉的是原来的你，陌生的是你身上不曾有过的魅力；这是一种全新的体验，也是吸引的关键！

（三）重新获得吸引力需要多长时间？

挽回的快慢取决于你自我改变、自我提升的速度，挽回的成功率取决于你执行改变的态度，有的人会敷衍了事，有的人会追求极致。在挽回这件事上，你实际是在改造自己，挽救自己的过程。

我通常要求咨询者花一周的时间调整心态，然后马上进入自我提升的具体方案的执行中。

（四）改变方案：社交和居家的扩展

扩展生活分为两个方面，社交方面和居家方面。

社交方面是补充你的社交价值，需要你多走出去参加活动。让人感觉你的生活很精彩，你在外面很受欢迎。

居家方面是补充你的居家生活体验值，需要你静心养性，修炼自身的胸怀和培养良好的性情和处世态度。让人感觉你是一个居家的好男人或贤妻。

如果对方因为你太宅而提出分手，通常是因为对方觉得你配不上他/她，可能是你的形象跟不上，或你的生活太单调了，那你要在社交方面下功夫，重新获得吸引力，去旅游、去聚会、去参加活动，多和异性互动，改变你没有情调的形象。

如果对方提出分手的原因是认为你太花心了或者你出轨了，那你就要在补充居家能力上下功夫，改变你花花公子或交际花的形象，开始居家行为，比如在家做饭、看书，提升工作能力，做义工等。

前面已经说过很多社交方面的问题了，现在详细说一下在居家方面你可以做什么。我会先指导客户从顾家做起。

1. 打造一个五星级的居家生活环境

按五星级酒店的标准收拾房间，即干净、整洁、体现个人品味。

做一次彻彻底底的卫生，用“断、舍、离”的整理观念指导自己。

买一些植物和油画做装饰，买一些高品位的书籍装点门面；添加一些艺术品更好。

比如我会让客户买一台古典的手工咖啡机，买咖啡豆自己研磨，用酒精灯煮咖啡。这既可以打发你的休闲时光，也可以提升你的生活品质。

2. 其他居家的元素

在家做西餐，做蛋糕；

在家看书、喝茶；

去敬老院做义工。

（五）对方怎么知道我的改变？

想挽回对方，就要展示出你的改变，改造形象，再展现出自己全新的生活状态让他/她知道，常用的方法是发微信朋友圈、QQ空间、微博等。只要对方关注你的微信、QQ、微博，他/她就可以看到你的改变。

有的人会问：“如果我被对方删了，那展示是不是没用了？”

不会的，过了冷冻期，你可以重新加他/她的微信，这时他/她很可能会翻看你以前发的东西，会看到你真的在改变。

（六）多久发一次朋友圈

通常一周发一次比较合适，发太多会被认为故意炫耀，发太少则不利于展示。发朋友圈要精选出最好的照片，每次发不同类型的。

也可以发一些有关时事新闻的评论和生活感想之类的文字。目光要放得远一些，让对方看到自己的积极状态。

五、测试回应的具体操作

当你做好重新获得吸引力的准备工作后，这时我们会测试对方的回应。如果对方回应积极，就可以引导对方做进一步的工作了，如果回应不好，就延续冷冻。

（一）怎么测试他 / 她的回应？

刚开始，为了不暴露需求，做测试回应的时候一定要定位成普通朋友关系，把他/她当作普通朋友那样互动，不要谈到感情问题，这样就不会被对方认为你有挽回意图。不要发“我想你了”“我好难过”“你有女朋友了吗”这些暴露需求感的文字。

那么，如果只是普通朋友，应当如何沟通呢？

简单地互动或聊天通常是可以的：问候一下，单纯地聊一下生活的事情，或者在他/她朋友圈点赞或评论。

也可以用一些比较经典的测试回应办法：

在节日的时候像群发信息那样给他/她发一条没有需求感的内容，比如：“××节日快乐！”

或者请对方帮一个小忙：“我的电脑坏了，你知道哪里可以修吗？”

那什么是好的回应，什么是差的回应呢？

最差的回应：对方没有任何回应。

一般的回应：对方应付式地回应。

好的回应你都懂的，比如会主动找你，回复字数多等。

如果对方回应一般，你可以下诱刺激。

那什么是下诱刺激呢？

（二）下诱

下诱就是激发对方的好奇心，比如你可以告诉他/她：“我有东西要还你。”然后不告诉他/她是什么，把话说一半，他/她肯定想知道是什么东西，但你又不说下文，他/她就会问你是什么，但是你要保持淡定，别告诉他/她答案，让他/她保持好奇心。

（三）心锚

心锚是心理学的应用，是指利用外部事物触发人的情绪和感受，睹物思人就是一个最简单的心锚。后来我把心锚应用在挽回技巧上，在对方的心里种下关于你的记忆和感觉，唤醒你们的关系。

在分手的时候，你可以用心锚技巧让对方不自觉地想起你们之间的美好回忆，这样可以快速达到增强联系的效果。

具体怎样做呢？我试过下面几个通常有效的方法：

在节日时寄礼物给他/她，但不要留名字，制造些神秘感。首先根据他/她的爱好想一下送什么东西好，如果网购的，记得叫店主寄的时候不要留下你的电话和名字等。

当他/她收到东西后，因为没有留下寄件人的信息，他/她会猜想到底是谁，也可能会猜是你，如果他/她主动问你是不是你送的，那么你的目的就达到了。对方主动联系你了，你现在就可以和他/她开始聊天互动了。

这种方法如果一次没奏效，可以多试几次，等他/她实在忍不住了就会主动找你了。相反，如果他/她第一次猜到是你，反应很糟糕，那要马上停止。

我以前会建议我的男客户寄零食给他的前女友，当她吃零食时，就会自觉地把当时的感觉和你关联起来，从而想到你。这个方式就像定情信物那样神奇，使她回心转意。

有个客户的前女友喜欢八卦类的新闻，我建议他在网上订阅女生喜欢的杂志，娱乐、时尚类的都可以。让卖家寄的时候不要留下任何买家信息。连续订3个月寄到她家，订阅这3个月她肯定会看，当她时不时翻杂志的时候，就会自动想到她的前男友，建立心锚的联系方式，最终这个客户成功挽回了他的女友。

（四）刺激

分手后，我们可以刺激一下对方，让对方反过来追你。

分手后如果看到对方比自己过得好，自己的心理会不会很不平衡？一般情况下，我会建议客户在短期内做形象改造，把自身潜藏的魅力释放出来。再指导客户去做一些扩展生活的项目，在有条件的情况下可以去潜水、攀岩、健身、跳舞，也可以尝试自制咖啡、做西餐、甜品等。把这些高质量的生活方式通过微信朋友圈展示出来，让对方大吃一惊。

用预选挽回的技巧也是一个很好的方法：

和异性拍照发朋友圈，当然不是拍亲密的照片，只是普通的生活照就行，关键是跟你拍照的人要足够漂亮或帅气，也可以是几个人一起拍照。只要看上去不像是太刻意的就行。

（五）控制需求感

需求感是增加挽回难度的根源，在挽回中最大的忌讳就是暴露出强烈的需求，这会让对方感到压抑，一旦对方感觉到你想要挽回的需求，他/她就会开始远离你。

挽回关系最常见的暴露需求感的行为就是乞求对方，和对方纠缠，让对方感到你的不理智和不成熟的表现，反而更加反感你。

挽回的正常做法是，不要表露出需求感，先冷冻关系，去做自我改变，提升生活品质后再试图建立联系。

一些需求感的例子：

比如当他/她问："你在干吗？"

你马上回复："我没事做呢，今晚有空一起吃饭吗？"一会儿见他/她没回复，你又发："你在哪里呢，怎么不回复？"如果他/她仍然不回复，你又失去自我控制，直接打电话给他/她。这就暴露出你的强烈的需求感，对方会觉得你很需要他/她，他/她会因此觉得你没有什么吸引力。

我通常会建议客户迟一些再回复，可以晚点再跟他/她说："刚才我在健身，才回到家。"

六、强大的诱发机制：让前任反过来想挽回你

分手后最大的问题就是你联系对方，对方不一定理你，作为专业的挽回技巧导师，根据我的经验，有一些让对方主动联系你的方法，可以变主动为被动。

若把挽回技巧当作是武功秘籍，很容易在爱情博弈中取胜。

在挽回的过程中，99.999%的人想的都是"我好着急啊，我真想挽回我的爱情"，可是鲜有人想到努力去改变对方的观念，让他/她回心转意，主动找回曾经的爱。

看起来非常不现实吧？毕竟是前任提出的分手，那么前任在对爱的执着度上，一定不如自己这样强烈。意愿如此强烈的自己主动挽回都收效甚微，又怎么可能让对方来挽回爱情呢？

可能你没想过，不管你主动去挽回对方，还是让前任主动挽回你，其实在这个过程中你的想法都未曾改变，你所有的努力都是在改变对方的内心，让前任重新接纳你，不论谁做出行动，这在本质上殊途同归。

唯一不同的是：在挽回前改变对方想法，还是在挽回期间慢慢影响对方。

而让这一切改变的前提，就是下面讲到的心理诱发机制。

人类的潜意识都想拥有不曾得到的东西，对得到的却不再珍惜。而越是得不到的东西，越会激发其强烈的占有欲。

如果你一直在他/她面前说“我变了”“给一次机会吧”，这种行为很难引起对方的复合欲望，甚至这是一种在彻底打磨掉其征服占有欲的举动，请停止！

而在分手之后，痛痛快快地离开一段时间，把两人的关系变简单，再慢慢重新接触，但不要表露出你任何的复合欲望，甚至你可以表现得自己即将属于新的恋人……这样很容易敲击对方的内心，激发出对方的占有欲。

依照这个思路，不妨尝试下面的方式来激活对方的潜意识：

1.给对方发信息，不管是微信还是信息，发送的前提是要确保对方已经不在气头上了，否则很可能看都不看，直接删除。

2.内容的开头是铺垫部分，简单地说说现在你已经开始接受分手的事实，生活也开始回到正轨了，虽然生活中没有了对方，但你还是很开心，因为你的生活正在发生激动人心的变化，这正是之前未曾有过的体验。

3.接下来是关键，稍微适当地介绍一下你现在的生活状态，最后再添加一句——注意，前面的都是铺垫，这里才是最关键的——“最近我挺好的，认识了一个新朋友，很像你。希望你的生活也同样美好。”

看似波澜不惊简简单单的一句话，在对方看来其实就像是一颗重磅炸弹。因为在你的信息中已经能让对方很明确地收到一个信息：我已经不需要你了。而对方会因为这突如其来的信息而猝不及防。

这就是你希望让对方去想的事，也能诱发对方的心理机制。

做完这些，你需要做的就是耐心地等待对方的反应。

分手后你必须要知道的是：挽回前任的三个真相。

第一个真相：祈求只会让你丧失吸引力

这是一个很明显的真相，可大部分人很难认清这个事实：在情绪冷静下来之前，任何挽回前任的努力都是徒劳的，甚至只会起到反作用。

情绪化是挽回路上最大的敌人，现在你和他/她都处于糟糕的情绪状态：他/她的情绪化表现是“逃避和反感你”，而你表现出来的则是“无法接受分手的现实”，于是情绪将你变成了脆弱不堪的动物，面对他/她更多的是乞求。

但这永远不会给你带来任何吸引力，更不会帮你挽回他/她的心。

第二个真相：放不下顾虑永远难挽回

“我不联系他/她，对方彻底忘了我怎么办？”

“他不愿意理我了，我再不联系，岂不是更没挽回的机会了？”

“她开始和其他男生约会了，我是不是一点机会都没了？我的心好乱啊！”

……

顾虑太多，这又是众多咨询者的突出表现特征。可在前任尚未放下戒备心之前，再多的顾虑都是徒劳的，请停止这些无意义的追问！

想让对方彻底忘掉之前的不愉快，完全抛开戒备心理，你能做的就是暂时断开联系，让时间帮助你。

第三个真相：重新获得吸引力的前提是改变自我

断开彼此的联系，等到对方没有了戒备心，过一段时间就可以重新开始了吗？

当然不能！重新获得吸引力，其实是一个非常大的话题，在这里为了便于你的理解，简单地谈谈这项工作的本质：重新吸引他/她和吸引新伴侣是不一样的过程，对于后者你只需要表现得足够优秀即可，但前者则需要的是用改变来打消对方的顾虑，引起他/她对你的改观，然后才是吸引的过程。

七、教你挽回爱情的技巧（概述文章）

（一）正视分手的事实

挽回需要技巧，也需要保持足够的耐心，如果急于求成会让事情向着反方向发展。

想挽回，先正视分手的事实。正常来说，尽量别联络，更不要见面。即使你们关系不错，和平分手，还愿意做朋友，或者因为是同事还能经常联系和碰面，但请记住——自分手开始，你们之间很多事已经发生了质的变化，很多东西早已改变。

电话联系？短信传情？见面吃饭？甜蜜约会？抱歉，即使你觉得还可以，但实际上在一方提出分手时，这些早就与你无关了。

长时间让自己陷入追忆中，或是一直沉浸在悔恨中，那么你永远不能成功挽回，甚至会让一切向着糟糕的方向发展。

正视一切吧！既然已经发生，就要积极地面对，找到解决办法，才是挽回的良好开端。

挽回是一个痛苦的过程，因为你独自前行，甚至路上还会有意想不到的挫折，但你可以让一切变得积极起来：你有目标，在不远的未来可以轻松地触碰到幸福，那曾经的美好会离你越来越近——而这一切的前提是保持良好的心态，不轻易动摇，冷静为之。

（二）给彼此一点空间和时间

不论在选择挽回前，还是在挽回过程中，他/她对你的印象只有两种：好的和糟糕的。

看起来很矛盾，但实际上是可以结合起来看的：

好的——甜蜜时刻，你给对方留下的美好感觉，你们有过的幸福，值得追忆的过去……

糟糕的——争吵，你身上的缺点，你的坏脾气，你在他/她眼里不够优秀的表现……

看似矛盾，但结合起来看，当好的印象比例更高时，他/她会缩小你的缺点，告诉自己多看你的积极面；可是当糟糕的印象占据上风，彻底压制住美好的印象时，最终她会做出分手的选择……

这时你越是逼迫对方，越容易造成他/她的逆反心理，更会让糟糕的情绪频频产生，直到美好的回忆完全消失，你们的关系也就走到了尽头。

明白了吧？给他/她一点空间和时间，让彼此都能冷静下来思考，借助这个难得的机会重新梳理你们的过往，当把一切看淡时，美好的感觉也会回归……其实这也是你的机会，在这个时间段里你也可以冷静下来，建立强大的挽回心理，找到挽回的最佳方式。

（三）选择挽回

其实挽回的过程描述起来很简单：若对方有回应，那就主动出击；若对方刻意躲避自己，对你的示好没有反应，那你要做的就是提升自我，增加“内功”，等待时机再次进攻！

前半条很简单，本质上是假性分手，对方实际上并不是真的愿意彻底分开，假如你处在这样的境地，那挽回对你来说不是难事；但如果你的情况很不幸，与后者吻合，那么还是让自己从对方的视线中消失一段时间吧，在自我蜕变中，静待时机，稳步前行。

举个简单的例子：在分手之后的一个星期中，你发的道歉和关心短信对方都没回，你的社交工具还在其黑名单中，那说明什么呢？

1.对方需要时间考虑；

2.你施加给对方的压力太大；

3.对方已经身心疲惫，只有选择放弃。

不管怎样，先来简单地梳理一下你们的情感关系和走向：相知—吸引—磨合—分手。在“相知”到“吸引”这个过程中，你们之间的亲密感来源于彼此身上的吸引力，那么问题出在哪里呢？

必然是在磨合期，不是你身上影响爱情的问题暴露得太明显，就是在你身上的吸引力消失殆尽，不管是哪点，你都很难意识到。

不过现在能明白这点也不迟，对你来说，现在最关键的是：自我改变。

（四）蜕变

蜕变之前，先重新审视自己，看看在之前的感情生活中自己是否尽到了恋人的责任，在甜蜜的恋爱期内，又是自己身上的哪些问题让一切改变的呢？

重新认识自己，找到自身价值的突破点：外形、性格、为人处事的观念、恋爱的观念和态度，等等。在这个过程中尽量不要去打搅对方，因为你正处于蓄力过程，此时联系对方，反而很容易让这股力量变弱。

蜕变的过程，本质上是在给自己增加资本。其实这不就是一场博弈吗？给自己增加筹码，增加胜利的可能性。而当你有足够的筹码时，能够表现出更高的个人价值、他人认可度时，你将很容易打消对方的顾虑，减少相互之间的矛盾，重新找回感情的凝聚力，甚至还会激发出更强的吸引力。

当然，改变自我的蜕变过程，千万别忘记思考对方。是的，你还不够了解对方，这也是导致分手的根本原因之一。回想一下吧，他/她最喜欢的是什么？你们之间什么时候是最快乐的？你的哪些行动会让他/她感动？做什么又会让他/她格外的生气呢？

了解对方的需求，找到努力的方向，这是蜕变的根本。

（五）坦然面对，自然挽回

对于被分手的人来说，挽回对方的心可能是当下对你来说最重要的事情。对此，你可以做出任何牺牲和努力。然而，挽回爱情不是一朝一夕就能成功的事，也不是一个人能够决定的事。也许你在这个过程中改变了自我，在他人眼里已经完全蜕变成了另一个人，可在这个过程中任何事都会发生，你的努力没有唤回对方的心，甚至对方已经另寻新欢。请记住，这些都不是你的问题了，你在这个过程中已然成为一个强者，失去对方是对方的损失，而非你的。

（六）牢记挽回的几点关键要素

1.你越开心，他/她越会开心，情绪是会传染的，因为相爱过的人之间永远有心灵感应。

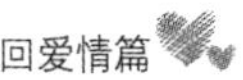

2.不给对方压力，让氛围变得轻松愉快，这才是保证他/她可以参与下去的前提，其实换一个角度来说，也是给自己减压。

3.绝口不提过往的感情，这个时候还不是追忆的最佳时刻，避免重新唤起对方的不愉快。

4.即使碰钉子也是正常的，追女生的过程还有碰壁的时候呢，更不用说在挽回过程中你会遇到多少困难了！这很正常，淡然处之，牢记你的目标，追求幸福的路上那些小坎坷又何须在意呢?

5.永远别心急，内心急迫地想挽回情感会让事情变得更糟糕。有进展是值得高兴的事，但一步登天是永远不可能的。懂得满足非常关键。

6.努力过，不管结果如何，都要坦然面对。

当你怀揣着这些准备前行时，你的挽回之路会变得相对平坦，纵然有坎坷，也能轻而易举地越过去。

永远别把问题复杂化，只要你能按照本章中讲的进行操作，保持良好乐观的心态，自然地面对彼此，让他/她感觉到你身上的善意，当面对这段感情不再有压力时，两颗仍然保留火花的心，会再次交会在一起。

恋爱技巧篇

第一章　异地恋

一、异地恋的维护

女朋友经常向你抱怨，你发现她和你争吵的都是芝麻小事，如果你还跟她分析讲道理，那你的异地恋关系就有可能出问题了，因为女生会开始不断地给你出难题。女生抱怨的事情通常不是问题的本身，而是表达出她的不满情绪。

通常异地恋无法长久有两个最本质的原因。

原因 1：你的关心不够

有人会说，我们每天打电话或微信聊天不就行了吗？如果你真的是这样想的，那你真是不懂女人心。下面，我就梳理一下关键点。

（1）随时向女友作行程汇报，比如要和朋友外出游玩，公事出差，不要等到女友询问再“招供”，否则猜忌就此萌生了。

（2）平时身边发生的或自己的“重大思想动向”要主动与女友分享。了解彼此平时的生活状态，所思所想对增进彼此感情很重要。

原因 2：你们没有长远的规划

异地恋一定要跟对方有长远的规划，而不是让对方感觉遥遥无期，比如你们大概多久见面，你现在做的事业要拼搏多久，你打算什么时候跟她结婚。

维护异地恋的一个很关键的问题是加入对方的圈子，与女朋友的闺蜜或同事认识，增加联系的纽带。

另外我在最后给大家几点长期关系的建议：

长期关系的原则是互相坦诚、双方付出、留出空间、长远规划。

二、异地恋的相处

（一）异地——爱情最大的考验

异地是最考验恋爱的因素之一。虽说距离产生美，但长时间的相离很容易让美好消失殆尽，因为距离常常会造成隔阂，引起信息不对称等，让彼此产生误会。

但是，这并不意味着距离一定是爱情的杀手，在我身边有很多异地恋的人，都经过距离的考验。如同经历过淬火一般，感情反而在异地催化下，变得更加坚韧。

很多异地恋人在结束距离的考验之后，都会有一种弥足珍贵的感受，会变得格外珍惜彼此。基本上所有异地成功的情侣都会提到这点：我们现在很少有争执，因为在那段时间里彼此已经磨合得足够到位。即使偶有争吵，也会马上和好，因为我们舍不得破坏现如今的幸福。

愈是经历过磨砺，愈会珍惜当下的来之不易的相聚，我非常认同这个道理。

举一个案例：女，25岁，高中毕业开始恋爱，大学异地四年，毕业后异地半年。我下定决心，不再和家里妥协，放弃安排的工作，毅然决然地去他的城市谋生！回想起来一路的磕磕绊绊真是艰辛，但恋爱一旦找到窍门，幸福感接踵而至。即使算不上骨灰级异地选手，但经过四年多的摸爬滚打，我想至少我也算得上异地恋的“熟练工”，还是有不少心得体会和感慨的。

异地恋真的没有想象中的那么难，很多时候我们被打败，不是迎面而来的困难，而是内心中的犹豫、困惑和担忧。

即使非异地恋，也会有情感摩擦，也会有矛盾和争吵，只不过不少情侣总习惯把问题推到客观因素上去，比如家庭因素，比如性格不合，再或者地域问题……但任何问题都不能脱离人的因素，只要是人的因素，那么问题都有解决的方法。当然前提是面对问题，不推卸给客观因素。

只要懂得最大程度地消除距离感，明白两个人相处的技巧，那异地恋不过是纸老虎罢了。

（二）异地恋相处的技巧

这些年的异地恋成功案例告诉我，想让异地恋成功的不二法则是：尽最大可能消除两人的思维隔阂，即使不能彻底消除，也要学会从对方的角度思考问题，否则很容易出现问题。

这么说可能很难理解，下面咱们就来抽丝剥茧地把问题细化。

1. 什么情况适合异地恋

对于相爱的彼此来说，异地恋更适合善于沟通，耐得住寂寞，可以在一段时间内保持精神恋爱，有足够强大内心的人群。

异地恋像一个朝圣的过程，明明正在享受青春和爱恋，但要彼此克服精神上的失落感、孤独感，并有坚定的信念，这样做你们才会功德圆满。

尤其对于女性来说，本身就有着极强的依赖性，恋爱产生的根源之一其实就是寻找安全感的过程，满足自身的依赖性。但如果选择异地恋，这些情绪都很难得到满足，因为距离让一切变得虚无缥缈。

可你要明白，恋爱永远不是生活的全部，即使你坚信生命中最不可割舍的就是现如今无比信奉的爱，但恋爱依托于生活，却不可能完全填充生活。若是完全让爱情凌驾于生活，那你将很容易迷失自我，即使非异地恋，也容易让爱情出现裂痕。

2. 男女思维是有差异的

请记住，这一点是异地恋的基础，如果你不能清晰地意识到这点，那么异地恋对你来说是极重的负担。

恋爱中的争执，往往不是不够包容彼此，而是意识到对方的思维完全跟自己不在一个频道上——思维差异这么大，完全不能理解对方的意图，怎么可能不出现问题呢？

地域因素会把这种差异性放大数十倍，这也是很多异地恋人很难长久发展下去的缘故，但太多人都没意识到这点，更别说解决问题了。于是很多人会把异地恋看成一项挑战，殊不知路都走错了，过程再坎坷又有什么意义呢？再努力向前也根本走不到目的地。

女生像猫，男生像犬。狗儿汪汪叫，猫会误解成挑衅；猫竖起尾巴可理解为警惕，狗竖起尾巴摇摆表示讨好……男性和女性的思维方式不同，想打破异地恋的魔咒，一定要明白这点。

举个异地恋的例子：

情景：异地恋，女生感冒了。

女生对男朋友说："亲爱哒，我好难受啊，我感冒了！"

男生一般都会说："快去吃药啊！多喝热水！"

遇到过这样的情形吧？面对男生这样的语言，你是不是想马上伸出绣拳揍过去？本姑娘还不知道看病吃药睡大觉？

其实女生最想得到的回复一定是饱含关怀的，比如"傻丫头，怎么都不知道照顾好自己呢，明明知道我不在你身边，你这样我会很心疼的，要记得好好照顾自己！"

由于男女思维差异的缘故，很少有男生会做到完全契合你的心思。于是不论在你生病还是遇到其他事发牢骚时，总是会让你生一头闷气：他怎么一点都不懂我，根本就不会体贴人，是不是一点都不爱我啊！

男性思维普遍是"问题解决型"的，在男生看来，你的吐槽诉苦就是在寻求帮助，于是他会迅速反馈为"快吃药，多喝水，么么哒"。但你的想法其实是在寻求安慰，满足自己依赖的小性子。

不光是这个例子中的问题，萦绕在异地恋情侣之间的类似问题有很多，由于不懂得彼此的想法，情感也很快会变淡。学会换位思考，你很容易豁然开朗的。

3. 培养安全感

距离拉大，女生会担忧的问题也愈发多了起来。异地恋安全感的来源不应该是看到或者不停地质疑和追问，而应当是对彼此的信任。

异地恋的情感的确脆弱，害怕自己付出却没结果，害怕恋人劈腿，担忧某天说不准遇到什么事就分开了……

但这些都不是理由，只能说你对爱情不够自信，对恋人不够放心。即使对方对你坚贞不渝，你能看到你们爱情美好的结局，但你还是放不下心来。

没必要把异地恋看得生死攸关，这不过是恋爱的一种模式，其实完全可以把其看作恋爱中的一味调味品，这也足够在你们的爱情步入正轨后回味无穷了。

4. 建立共同话题

距离很容易造成两人的隔阂，这是最不能忽视的一点，隔阂一产生，问题马上凸显：本来很恩爱的两个人，会突然无话可说了，陷入沉默的尴尬境地。

即使遇到这种问题，也无须太担忧，天天见面的小情侣还经常没话题呢，异地恋尴尬一下也无妨。至于问题怎么解决，那就是主动找话题，在彼此之间建立足够契合的共同话题。

比如你们都喜欢看电影，找个不错的电影，一起看完之后谈谈观后感，交流交流想法；再比如说都喜欢看书，喜欢运动，那么约个时间，一起完成之后，在这个共同话题之下交流。

其实话题真的不是刻意寻找的，因为当你把交流看作是一件轻松惬意的事时，脑中就会突然冒出一些很好玩很有趣或很八卦的点，慢慢地话题也会很容易展开。

5. 对待缺点

人无完人，谁都有缺点，这点不可否认，即使在恋爱期间刻意地掩盖缺点，把自己最优秀的一面展现出来，但在接触中的一言一行也很容易暴露出缺点来。

距离也容易放大缺点，恋爱中的姑娘总会把爱情想得很完美，同时也会把恋人想得非常美好纯粹，但这种状态不会持续太长时间，偶尔的一次交流不到位，甚至对方回短信不够及时，也很容易成为你眼中的一些小问题。

谈恋爱其实就是一个彼此在接触中慢慢了解的过程。在这个过程中，当你完全看清楚了对方的优缺点，衡量之下觉得恋人的缺点实在是难以忍受，那就做出自己的选择，如果可以忍受，那就继续走下去。若恋爱是一个把对方神化的过程，若你陷入完美主义情结中，那就很难达到恋爱的目的。

不管做出什么样的选择，永远别建立在冲动上，看到过周围太多的闺蜜由于冲动而放弃爱情，但冷静下来却异常悔恨。当你发现对方的缺点，意识到这可能成为你们情感的路障之时，生气之余，冷静地分析一下，用良好的心态去面对，再做出你的选择。

6. 渡过瓶颈期

恋爱是一个循序渐进的过程，在这期间必然有一个即使再温情但感情怎么也升不了温的阶段，这就是恋爱的瓶颈期。

遭遇瓶颈期的异地恋，对一方来说是沉重的打击，因为届时将会表现出一种无话可说，把一切（包含爱情）都看得很淡，对恋人表现得非常冷漠的尴尬过程。

我也遇到过恋爱瓶颈期，当时不是双方陷入无休止的争吵，就是给予彼此冷暴力……有时我甚至很绝望，也有过放弃的打算，但真正地度过那段时间才明白，原来那不过是爱情的破茧阶段，过程很痛苦，但如果能够勇敢地面对，咬牙挺过来后，才明白幸福的意义。

三、异地恋常见问题解读

上面都是异地恋的典型问题，下面再谈一些异地恋中的特殊问题。

（一）短信/电话是衡量在乎程度的指标吗?

在意细节的女生，很容易在短信/电话上长吁短叹，这同样是男女思维的差异导致的。女生会在距离的促使下，格外地放大敏感程度，试图用一切来证明男朋友是否更爱自己，比如很计较短信的长短，回复短信的及时程度，以及在乎打电话的时间……

“怎么就给我回复几个字啊！难道没看到我发那么长的短信?”

“哦？一个‘哦’字是什么意思?”

“这个臭小子，怎么还不给我回复短信啊？不知道我在等着啊！”

“今天就打了十来分钟电话，真的那么忙吗？”

……

有这样的疑问很正常，但希望你别太放在心上，男性和女性的思维是不一样的，对待感情，对待异地恋的看法也是不同的，最关键的是，男生和女生在表达情感的方式上也是不一样的。

两人的相处，其实更像是一场友谊赛，你来我往，有时互不相让，有时又是体育（恋爱）精神在主导。假如过分地纠结谁付出得多，甚至把短信/电话这些当作是付出多少的衡量标准，那恋爱一定会拖垮你——心实在太累了！你说呢？

（二）异地恋该如何吵架？

吵架是一门学问，两人之间偶尔有争吵并不是坏事，凡事都要客观辩证地去看待。

别总觉得异地恋+吵架就是感情大敌，吵架也分情况，有吵架后相互冷战的，也有彼此不经大脑恶语中伤的。两者都不是解决问题的理智做法，相对来说，前者因距离的原因，双方若没有主动低头的，很难打破冷战期。相反，若是面对面，稍微来点感情上的攻势即可。

我建议异地恋的恋人，即使吵架，也要吵得轰轰烈烈，没必要冷战，把问题说清楚，将平日里压在心底的话和盘托出，告诉恋人你的真实想法，反正最糟糕的结果你已经预料到了，可善用吵架，一定不要走到最令人心悸的结果，但当问题妥善解决，你将很容易明白——争吵也是一种交往的技巧。

（三）如何维持异国恋？

异国恋是极其特殊的情况，因为普通的异地恋，即使两人分隔两地，但只要有时间想见面还是可以见面的。但异国恋想见个面实在太难了！而且高昂的话费，难以跨越的时区（你在睡觉，我在吃午饭），语言文化环境都不一样，时空完全不同步，想想都令人头皮发麻。

我也认识几对异国恋成功的情侣，问过这些情侣，他们说最难的不是始终如一，而是如何相处在完全迥异的环境中，如何不被环境彻底同化，还保持心灵相通。

“橘生淮南则为橘，橘生淮北则为枳”的例子大家都明白。人的思维、观念也是会随着环境而变化，在周围的文化和氛围影响下，很难保证下次见到对方，你对他/她不产生陌生感。环境影响观念，观念改变思维方式，当观念差异和陌生感同时作用，情感很容易破裂。

在这里，我想给异国恋的朋友提几点建议：确保你们是彼此的心灵伴侣；内心对未来足够的明朗；愿意保持足够的沟通；奔着同一个目标前进；保持足够的信任和沟通；尽量缩短你们的观念差距。

这是异国恋的成功根基，更是异地恋的最佳相处模式。

距离又如何？知道彼此相爱就够了。

（四）异地情侣怎么过节日？

在节日中情侣通常在一起过，那异地恋情侣怎么办？如果你们在节日时见不了面，那你肯定要有所表示，送礼物是一个不错的选择。礼物本身是什么并不重要，重要的是你每次都有礼物，送礼物的时候最好是能带给对方惊喜，比如你在过节前给他/她寄礼物，但不留名字和电话，留下卡片说“你的男神/女神祝你×××快乐，猜猜我是谁再微信我”，女生最喜欢这样了。我不建议你送化妆品、衣服、包包，并不是我吝啬，而是这些东西没有体现你的心意，而且容易把关系物质化，我通常建议你送零食、杂志或特别一些的东西等。

第二章 提升亲密值和伴侣值（女生篇）

一、了解亲密值和伴侣值

爱情是门学问，在情海中徜徉的姑娘，总会遇到或多或少的波浪，有的姑娘懂得如何使问题迎刃而解，总能设法让其化险为夷。但找不到头绪的姑娘，却很容易在情海中迷失自我。

最近一段时间，总会碰到问这些问题的女生：

“我明明已经很委屈自己，把亲密值升得很高了，他怎么还是对我不冷不热的呢？”

“我非常努力改变自我，目的就是提升自己的亲密伴侣值，但怎么适得其反呢？”

……

这很不合常理啊！起初听到这样的话我也非常困惑，亲密值和伴侣值理论难道不合理吗？那操作起来岂不成了饮鸩止渴了吗？带着这样的疑问继续下去，我听到了令人哭笑不得的话语：“平常我知道我亲密值很低，但我发现我越试图增加我们的亲密感，发现他越不适应，你说男生是不是很木讷？！”“我就是变得小鸟依人一点啊，黏着他啊，可他倒是浑身不舒服了！”

……

这根本没有对亲密值的定义理解清晰，才导致把低亲密值当成高亲密值，自以为很正确，但实际上完全是在逆着来，极大幅度地降低了亲密值，瞬间给恋人极大的压力，导致爱情向着与设想的相反方向发展。看来这里很有必要再详细地讲讲哪些属于低亲密值哪些属于高亲密值，看看哪些让你误操作了。

（一）亲密值

亲密值：男性通过女性的表现和对自己的态度来判断是否可以安心地跟这个女性生育和共同抚养后代。

站在女性的角度，亲密值是指女性是否能让男性放心地觉得她所生的孩子是自己的亲生骨肉；而站在男性的角度来看，亲密值的高低代表对女性的怀疑程度。

一般来说，女性社交圈子越广，异性朋友越多，脾气越不好，亲密值越低。而家教良好，性格保守的女性，在男性看来亲密值较高。

伴侣值：即婚恋市场中男女选择配偶的普遍标准，这很容易理解。比如男性身材高大体型健壮，女性漂亮胸大易生育，这在彼此看来都是高伴侣值的表现特征。

（二）常见的低亲密值对白

1.你长得可真难看！

2.你怎么这么不讲卫生啊，我最讨厌跟邋遢的人在一起了！

3.我就喜欢帅哥，你不也愿意看美女吗，别妨碍我！

4.你看看你，一个月才赚这么点，你看看人家隔壁老王……

5.有几个男闺蜜很正常，别担心啦！

6.你说你平常除了玩游戏还能干啥？！就不能出去找点事干吗？！

7.跟你在一起真累，你怎么就这么颓废呢？

8.在单位受委屈，在家你还不理解我！

9.你怎么一点自知之明都没有啊！

10.我当初怎么就瞎了眼看上你了？！

11.你承诺的时候说得挺好的，现在这个样子，让我怎么相信你？

12.我就是这样的，改不了了，不愿意跟我在一起就散吧！

13.你爸妈对我一点也不好，我不愿意跟你回家，以后别去你爸妈家了，放假就回我家吧！

14.你没钱给我买包买衣服就算了，还天天在我面前充大爷，真是醉了！

15.你要不就是整天整天地加班，要不就是总出差，总觉得我是一个人在过日子。

16.怎么这么胖，你是吹起来的吗？

17.当初说好了养我，现在我都在花自己的钱，你知道为什么吗？跟我读：你太q-i-o-n-g，穷！

18.你得努力工作，知道吗？要不你连媳妇都养不起，我又怎么敢嫁给你给你生儿育女呢？哎……

19.我花你的钱是天经地义的，你这么问东问西是什么意思？

20.别觉得没你我就活不下去，追我的人多了去了！

21.你家里是不是又阻止咱们俩了？

22.你妈整天在我面前絮絮叨叨的，真是不能和婆婆一起住，咱们搬出去吧！

23.我家里对你不满意，嫌你学历太低。

24.想娶我？你配吗！先奋斗几十年再说吧！

25.周围女的不是开车上下班，就是有老公车接车送的，你好歹也给我买辆车吧，真是白跟你这么多年了！

26.我天天这么伺候你，也不见你对我有一点好。

27.哎，真是不敢生孩子啊，咱们没钱，养不起啊！

28.整天显摆自己前女友多，你不看看都是些什么质量的，你也就配这样的了。

29.你还真以为这是末日了，世界上就剩下你一个男的了，真把自己当宝贝疙瘩了？

30.哪天想分手了直接告诉我，免得让我蒙在鼓里，痛痛快快的！

31.你真不像个男人！

32.我心中的白马王子是×××那样的，跟你一毛钱关系没有！

33.还想着花花世界？我跟你在一起你就知足吧！

34.你知道未来有多少男性打光棍吗？要不是我可怜你啊，你能不能找到女朋友都是问题！

35.跟我在一起，你肯定花光了这辈子的运气，哦，估计我也倒了八辈子霉了！

36.我黏着你，看你的手机，不是看你隐私，我是怕你脑子抽筋，错过这么美好的我！

37.虽然我答应跟你在一起，但现在你还在考察期，我随时可以跟你提出分手，当然，至于什么时候转正要看你的表现！

38.我都没嫌弃你，你竟然数落我懒？要不你去找个更好的？

39.以后咱们家孩子啊，可一定要随我，千万不能有一点像你，要是长得像你啊，唉，估计就得打光棍喽！

40.你敢背叛我，我就去找别的男的，反正我也不吃亏！

41.真咽不下这口气，你难道不知道我已经很迁就你了？

42.想找个单纯听话不拜金的萌妹子？你还是活在二次元吧，死宅！

43.估计我怀孕七八个月的时候也没你肚子这么大！

44.我够迁就你了，好吗？你看看×××的女朋友，天天不是打就是骂，人家×××照样高高兴兴的，你怎么就没点觉悟呢？

45.还是我前男友好，人家从来不看我看得那么死。

46.我认几个干哥哥怎么了？我就想多获得点温暖而已。

47.呵呵，你就看你的球赛吧，我去泡吧了，晚上不回家了，再见！

48.我家里条件这么好，跟你在一起难道不是“下嫁于你”吗？

49.我是有过很多男朋友，但这又怎么了？我现在不还是踏踏实实跟你在一起呢吗？

50.我买几个名牌包包怎么了？你数落我只能说明你无能，连自己的女人最基本的消费都满足不了。

51.说我不顾家？你要是有钱把家里弄得富丽堂皇的，我怎么会整天出去玩呢？

52.你怎么这样，从来不考虑我！分手吧！

……

总结一下，低亲密值的女性特征往往表现为：过分拜金，脾气较差，嘴巴不饶人，习惯将男友和其他男性比较，爱吵架，动不动就闹分手，自视甚高，总嫌弃男友，交际圈子比较乱，总会暗示周围有暧昧的异性，情史丰富，和前任扯不清，爱泡吧，夜不归宿，等等。低亲密值会使男性增加负面情绪，感觉在你面前缺少自尊心，渐渐地会淡出你的生活。

（三）常见的高亲密值对白

1.我知道我性格跟你总合不来，但我还是跟你在一起，因为我愿意跟你一起磨合，一起成长，我愿意改正自己那些让你感到不愉快的缺点，希望你也能为咱们的爱情做出改变，好吗？

2.没事，虽然现在你赚钱不多，但咱们不是还年轻吗？即使一辈子这样我也愿意，跟你在一起就很幸福。

3.啊？你问我怎么一天没给你打电话啊，我不是担心你工作忙吗？

4.男人嘛，总要以工作为重，家里就交给我打理，放心吧！

5.亲爱的，你怎么这么厉害呢/你怎么什么都懂呢，我真崇拜你，都成你的头号粉丝了！

6.唉，都怪你这么有魅力，周围这么多姑娘盯着你，我压力真大！不过我最信任你了，我知道你会处理好的。

7.你总是这样，我很没安全感的（撒娇的口吻）。

8.遇到问题稍微冷静一点，我知道男性总会越来越成熟的，但我更想成为你变成熟的催化剂。

9.没事，只是一个小挫折而已，明天一切都会过去，你这么棒，怎么可能战胜不了这点困难呢？

10.咱们以后生的孩子头发一定要随你，乌黑浓密，多迷人呀！

11.看着你越来越优秀，我都担心你被其他女生从我身边抢走了！

12.没事，现在是比以前胖了一点点，但一健身这些肉肉就都变成肌肉了，一定要把这个当成好事呀！

13.谢谢老公，你做的事总能感动我，你真是太爱我了！

14.我的闺蜜最近有点拜金，最近我还是躲着她点吧，免得被传染了。

15.嘿嘿，这个东西我想买很久了，一直舍不得，这不打折了么，跟你汇报一下，我准备下手！

16.出去吃既不卫生，又不划算，在家里吃吧！咱们一起做饭，你帮我打下手，多好啊！

17.你压到我头发了！

18.亲亲可以，但先刮胡子哟！

19.没关系的，你高兴就行了！

20.最近单位新来个男生，看我的眼神不对，今天我特地找了个机会，让他听到我秀恩爱了，哈哈，这样就不会来打搅我了！

21.哎呀，你不来接我，我怎么过去啊！

22.你总说没时间，但我真的好想你呀！

23.你再故意不联系我，我就真的生气了，你不知道我最爱胡思乱想吗？

24.没关系，你要是彻底忘掉她了，只能说明你很冷血，联系没关系，只要心在我这里就好。

25.我还不懂事，总把自己的想法强加给你，真是委屈你了！

26.又加班到这么晚，真是辛苦你了，来，给你捶捶背！

27.嘿，你看你家里一团糟的，就说嘛，要不男生都要找媳妇呢，不讨个老婆打扫卫生就成猪窝了。

28.没事多出去跟朋友们聚聚，多个朋友多条路，别回家太晚就行！

……

总结一下，高亲密值的女性特征往往表现为：含蓄委婉地表达情感，即使对方不够优秀，但也能在给足他面子的同时，善意地提醒对方要努力；即使对方犯了小错误，也能包容对方；自尊自爱……总而言之，高亲密值的女性一般情商较高，行为举止会给对方很舒服的感觉，有这样的女性陪伴，男生岂有不爱的道理？

二、男人的分类和择偶

从婚恋对象的角度，男人可以大体分为两类：老实男、高富帅。

老实男：嘴巴不会甜言蜜语，情商低，你生气了不会哄你开心，但做事认真，老实。大部分IT男都是典型的实在男，他们不花心，但也少有情调。这种男人适合不太挑剔的女生。

高富帅：他们是高富帅，有地位、有积累。身边有非常多的美女围绕，对女性心理有十足的了解。

下面具体地分析两种男人的情况：

第一类：老实男

【分析】

很容易理解，在这个世界上绝大多数男性都是这种类型，他们有着相似的特征：普通家庭出身，从学校走向社会，学习成绩和工作能力一般，没有波澜起伏的生活，总之就是看起来很简单很平常的男性。初次接触这种男性，你很难洞察到对方的闪光点，无论是在情感方面，还是在情感之外，你将会把对方当作中规中矩的男性，这就是普通类型的男性给你的第一感觉。

纵然普通，但不代表他们没有性格，在情感上这类男性有着自己的特点：习惯于平淡的生活，故而他们也向往着一段平淡的爱情，期待着有一位同样普通的姑娘能陪伴自己度过余生。

【点评】

普通男性更偏向于“一对一原则”，即“一生只有一个伴侣”，对爱情抱有坚贞想法的他们，往往不容恋人的背叛。

而这类踏实稳健型的男性，选择的类型会偏于他们的实际需要，如贤惠、顾家型的，生活重心偏于家庭。因为在这类男性的思维观念中，只有适合自己的，才能陪伴自己度过一生，稳定的情感生活才是自己所期待的。

假如你同样期待着这样的爱情，向往着平淡而又温馨的生活，那不妨尝试和这种男性交往。

第二类：高富帅

【分析】

这类男性不是有着极高的社会地位，就是有很强大的经济基础。他们有着卓然的表现力，他们有着由内而外的精英气质。

即使外表看起来平常，但为何这类男性会带给女性卓尔不群的感觉呢？其实这非常容易理解，这就如同狮子群中的领袖，不一定是体型最大、形象最英俊的那头，但一定是看起来最出众、最有英气的那头。这类男性就和狮群领袖一样，有着天生的王者气质，这是外表很难掩饰的，他的夺目光彩自然会让人挪不开眼。

【点评】

在女性的评价中，这类男性自然很优秀，无论是雄厚的经济基础，还是足够强劲的社会地位，在女性看来这些都可以满足她们对安全感的需求，同时这也是她们足够依赖男性的必要条件。

但假如能理性地分析这类男性，你将会发现由于他们的身边永远不缺少异性，他们在情感方面的经验必然不会像第一类男性那么简单。纵使这类男性严于律己，但他们的身上也总少不了花边新闻。

而在伴侣的选择上，这类男性会偏向于价值远低于自己的类型——毕竟内心骄傲的他们不允许自己的地位低于自己的女人。要知道的是，越是出色的男性越是有极强的控制欲。

三、和异性聊天的话题和技巧

（一）怎么说比说什么更重要

说的内容不如怎么说重要。同样的话，不同的人说出来感觉是不一样的。不同的情景、不同的语气和表情，说出来感觉是千差万别的。

比如你试试把这句台词说出来："你不了解我，却先爱上了我。"

是不是感觉有点怪怪的？那是因为你没有进入一种情绪状态。这就是为什么很多人把背过的电视剧台词放在相同的场景用，却没有效果。

这就跟说笑话一样，背笑话是台词，很多时候并不好笑，但幽默却是一种表达方式。

所以说什么不是最重要的，重要的是把表达练好。那怎样的表达才能有良好的互动呢？

下面这些是能让你聊天直接加分的点：

说话的时候带着微笑的表情；

把话说慢一点，大部分人说话太快了，所以失去了表达的味道；

和对方说话时要稍微眼神接触，所谓的感觉就是靠眼神传达的；

那具体应该怎么做呢？

好，我推荐你学一下空姐的表达方式，她们说话时的仪态优雅自然、笑容甜美而温暖、声调语气柔和亲切，所以她们说什么都容易让人倾听。

（二）不要不断地问问题，使用"冷读"术

我们并不喜欢别人像查户口那样跟自己聊天，问你一系列的问题，但有时我们自己却这样做了。

"你是哪里人？"

"你多大了？"

"你是做什么工作的？"

“冷读”是指你和对方刚认识的时候，一下子能说出他个人或性格上的特点，读到他的心，让他觉得意外的同时，快速建立起好感和信任感。

“冷读”其实是一种技术，并不是你真的了解他，而是利用人类性格的共同点和双面性的特点。

比如要是有人对你说：

“我觉得你多愁善感，心情容易被别人影响。”

你听了会多少有所认同。

但实际情况是，这是大部分女性的共性，但你会以为这是你的个性，觉得他说到你的内心了。

先说简单的破冰冷读术，一个简单的冷读转换技巧：

“你是哪里人？”

转换成冷读就是：“你看起来有点像老北京人，你老家就在北京吧？”

“你是做什么工作的？”

转换成冷读就是：“你想法挺多的，身上有艺术气质。”

前面的方式是普通对话，容易形成一问一答式的对话。但是第二种冷读术就能产生多样化话题，能深入聊天，比如：

“你是怎么知道的？”“没有，为什么你会这么说？”“我是看起来有艺术细胞吗？”

一个问题怎么转化为冷读？冷读就是用陈述代表问问题，冷读是先作一种猜测，用陈述式语句表达出来。

你可能会问，猜得不准怎么办？

但你要明白，猜不一定要猜对，即使猜错了也完全没关系的，比如他不是北京人，他就会说其实他是南方人，但他会接着好奇他哪里像北京人，这样就可以聊开更多话题了。

当然你可以通过对方的穿着打扮、表达风格猜测他的信息，再用冷读句表达出来，这样更加准确。

要记住，冷读的目的不是要猜对，而是通过这种方式让对方敞开心扉，主动地给你更多的信息。

再举例说明一下冷读的作用：

同样是想知道对方的年龄，普通的问法是：

“你多大了？”

“25。”然后就没有下一个话题了。

如果换成冷读：

“你看起来挺小的，应该比我大不了多少。”

“你多大呀？”

“你猜。”

……

（三）话题的对接：联想和承上启下

很多人不会和别人聊天，说不知道聊什么话题。但会聊天通常不是从一个话题跳到一个话题，而是能接对方的话题，承上启下地聊一聊，那我们是怎么来对接聊天话题的呢？答案很简单，可以通过对方提供的聊天内容承上启下去接话题。

比如对方说：“我平时就在家里打打游戏。”（聊性格）

“喜欢玩游戏的人通常都偏宅。看来你也是这样咯！”

比如一个男人说：“我不喜欢去酒吧喝酒，里面太吵了。”

你想一下，你可以联想出什么样的相关话题：

（1）我也觉得酒吧太吵了。那你喜欢在什么地方喝酒？（聊地方）

（2）我很少去吵闹的酒吧，我和朋友上个月的生日聚会特意选了一间清吧。（聊朋友）

（3）这边有间酒吧的乐队唱得挺不错的，可以不聊天光听听音乐。（聊音乐）

（4）上次被闺蜜带去酒吧玩，很多男人过来搭讪。（聊故事）

我介绍一个聊天话题联想方法——找一个点放大：

首先是根据对方的聊天内容，找其中一个点，比如一个东西、一件事情，然后开始发散思维，根据这个点联想相关的事情。

比如他说："我是做设计的，上班的事情特别多，所以会加班。"

设计：我大学的时候喜欢学设计，想做高跟鞋设计师，工作后转做金融行业了，后来发现还真的转行转对了。

上班：我上班也挺忙的，但一到周末我就去旅游摄影，基本每个月都会去两次。

加班：我爸妈以前也经常加班，他们怕我饿着，就不断教我做饭，后来我只学会了三道菜。

（四）讲故事

两个人的聊天内容大部分都是通过短小故事来完成的。在这里我说一下如何讲好故事。

1. 要有细节

一个故事有细节才会让人觉得真实。

比如："我坐在车上时，空调开得很冷（细节）。然后瞄了一眼手机，我现在还记得当时是半夜2点19分（细节）。接着有人敲我的车窗……"

2. 展示自我价值

讲故事是让人间接了解你的方式。

比如你想要让对方知道你受异性欢迎，直接一点的就说："我有很多异性朋友的。"

但最好是通过一些故事讲出来，这样会更加有趣、有画面感：

上周末我和助理去郊区买植物装饰办公室，车在路边停了两个小时后，发现我的车被刮了，是一个开摩托车的大叔，他挺老实的，在旁边等我处理。我也没怪他，当时有点慌张，而且也没经验。然后我想，反正事已经发生了，还好人没事，于是就发了一个朋友圈。接着我挺意外的，很多朋友打电话教我怎么处理，让我挺感动的是，有六个直接开车过来接我了，其中一个还是上周才认识的。我这才发现原来我有一群可以在我需要帮助的时候马上出现的朋友。

这样，别人自然知道你的社交能力很好。

（五）引起对方的好奇心

当一个人对某个东西感兴趣后，你把这件东西拿走，当你再次给他这个东西的时候会引发他更大的兴趣。

具体的方法就是，先说一件事，中间加入下诱句子，然后保留下半段，这样就能引起对方的好奇心了。

下诱句的例子：

后来发生一件意外的事情；

下周会有一件神奇的事情发生；

我发现了一个秘密；

你一定不想知道的；

这个下次见面再告诉你；

不用急，你到时就知道了。

（六）联系感

1. 初步联系感——找共同点

比如：

你和我原来是学同一个专业的，只不过我们是不同的学校；

怎么你也喜欢吃寿司啊！

在刚认识的时候，我们依靠这种联系感来建立舒适感。这样的共同点越多，你们成为好朋友/恋人的概率就越大。

2. 深入联系感

比如：

相似的成长经历；

互相认可的性格；

未来的设想一致，等等。

深层联系感通常和情感挂钩，也就是交心。一段关系由浅入深都逃不开深层次的联系感。

（七）突然的沉默

沉默并不是让你简单的不说话，而是在一个正常的聊天情况下，突然沉默。

比如，你正在和对方聊天，突然你收到微信。接着你从看了一眼手机后就不再说话，低着头，似乎在思考什么麻烦的事情。

对方会有什么反应?

没错，对方一定会好奇地问：你怎么了？是不是发生什么事情了?

然后你说：没什么。

对方：没关系，有什么事可以和我说嘛，说不定我能帮你分担一点呢?

你：……

这个技巧的作用是让对方在情绪层面来追逐你。

你想一下，男人和女人正在约会，当她接完一个电话之后突然就不说话了，他会是什么心情？他肯定会安慰她，哄她。

如果你利用得好的话，这会是瞬间让你们进入深层次联系感的一个杀招。

（八）潜意识沟通：身体语言和语言表达

人与人沟通交流时，我们会通过三种方式传递信息：语言、声音和肢体语言。加州大学洛杉矶分校的阿尔伯特·梅拉宾（Albert Mehrabian）的研究表明，沟通中55%的方式是通过肢体语言进行的，38%是用声音语调完成的，只有7%是用语言表达的。

你刚认识的人，留给你的大概印象，通常是由他的形象、肢体语言、语速快慢组成的，这是潜意识沟通的结果。所以说，聊天的内容其实并不重要，重要的是你的肢体语言和语调给人的感觉。同样的话从不同身份、性格、职业、年龄的人口中说出会有不同的效果。

通常来说，女人的表情和身体语言比男人更丰富，细微的动作和表情可以传达出富有内容的情感和信息。

身体语言

前面说过，在人与人的沟通中，身体语言占了大部分。

1.不好的身体语言

无意中做小动作（暴露了你的不自信）；

低头；

背部前倾；

八字脚；

抖腿。

你可以请朋友用相机把你平时生活的身体语言拍下来，并着重加以改正。

2.好的肢体语言

自信的肢体语言应该是放松的，没有多余的小动作。从现在开始，习惯让你的身体放松。

背部挺直；

放松肩膀；

经常微笑；

眼神接触；

说话清晰；

女人肢体向内收，两腿向里收；

这些自信的肢体语言可以增加你的魅力分。

3.眼神交流

在互动的时候要敢于眼神接触，善于用眼神表达情感。

4.举止优雅的要点

（1）站要直，坐要端。

（2）穿着要干净，衣服不一定华贵，但不可着奇装异服。

（3）学会和颜悦色。

（4）动作要缓，不要慌里慌张。

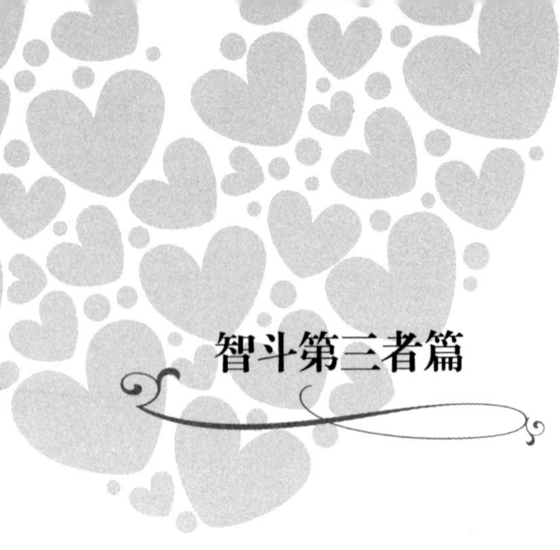

智斗第三者篇

一、第三者的分类

我在2013年底开始接待挽回咨询的客户，发现找我的客户主要是女性，大部分是因为老公外面有了第三者，要我帮助她夺回老公。对出现婚外情的案例处理多了，我发现可以把第三者先分类，再按不同的类型加以分析处理。

按我的经验，我会把第三者分成三种类型：物欲型、寄托型、情感型。

物欲型：满足物欲，互不相欠

这样的女人大多年轻漂亮，有所谓的外貌资本。会打扮、注重外表给自己带来的吸引力。同样，她们希望通过男人对自己的投资来满足自己的物质需求。有事业、有金钱，在她们身上下功夫的男人通常是她们涉猎的目标，即便做第三者冒着被人唾弃的风险，她们也在所不惜。因为她们并不是以结婚作为与男人交往的目的，只要男女双方各取所需、互不制约就能得到满足。

寄托型：外表柔弱，目的性强

这类女人柔弱，缺少自我生存的生活能力，会让男人感觉楚楚可怜。她们会把生活的重心全部倾向于自己所依赖的男人，这个男人是她生活的全部意义。所以对于这种女人来说，没有物质基础，也缺少生活目标，反而会给正处于事业高峰期的男人一种需要呵护、同情、照顾的印象，容易赢得男人的怜悯之心。且这类女人会以最终与男人结婚为目的，使男人陷于两难之中。

情感型：目标明确，女强人型

这类女性一般有自己的事业，有自己的人生目标。生活不拖沓，有主见，她们需要一个同样优秀的男人与自己匹配，即便这个男人已经有了家室，她也不会轻言放弃，只要她有了既定目标。这样的女人通常有一定的物质基础，生活有品位，她并不需要从男人身上得到更多的物质，她需要的只是这个男人带给她的安全感和胜利感。而这样的女人把成功上位当作最终的目的。

二、怎么应对婚姻中的第三者

在你幸福的婚姻中突然出现第三者，婚姻遭遇动荡时，你在这场危机中将何去何从？

哭闹的行为无疑会让自己陷入痛苦之中，而对方更会想办法逃离这场让他难于抉择的婚恋关系。当你遭遇不幸之时，一定要冷静下来找到最合适的解决方式。

（一）学会分析

分析当前的情况，结合主客观因素，找到属于内心的选择。假如你对这段婚姻失望透顶，认为即使能挽回，也很难保证对方不再犯错误，那勇敢地选择离开，也许对你来说是最佳选择。

但假如你还对这段婚姻不舍，对于自己用心经营多年的家庭放不下，那么尝试挽回未尝不是个好选择。

假如你确定挽回，你要明确，在这场挽回战役中只有你一个人在努力，对你来说这无疑是一场巨大的挑战。

（二）明白你的优势

即使现在看起来，你是处于劣势的一方，但永远别忽视你的优势所在。一日夫妻百日恩，你们不仅有往日的情感，还有双方的家庭做后盾，也有彼此熟悉的圈子，可能还有孩子这牵扯不断的血脉纽带……交集越多，你的优势越大。

（三）反思自己

明白你的优势，当你拥有足够的自信心去挽回时，也不要忽视了自身因素。虽然看起来是你一直蒙在鼓里，但爱情出现了问题，永远不可能是一个人的过错。

想一想，你是不是在家里蓬头垢面，不在意形象？或者很久没打扮自己了？又或者光关注孩子，忽视了丈夫的感受，才让他在另一个女人身上寻求安慰呢?

（四）分析丈夫的心理

知己知彼，百战不殆。挽回的过程其实就是一场战役，挑战自我，击退第三者，最大限度地瓦解丈夫寻求刺激的心理，所以你更需要分析丈夫和第三者的心理状态。在长期的亲密相处期，你一定很清晰地了解丈夫是什么样的人，对待不同类型的男人有不同的处理方式。

（五）分析第三者心理

即使你不去直接面对她，但也要分析清楚你的对手，况且潜在的对手能将你的问题暴露得淋漓尽致。她是属于哪种类型的女人？她介入你婚姻的心理是什么？她的最终目的是什么？

只有清楚这些，才能有针对性地击退她。

（六）坚定信念

虽然独自面对这场婚姻保卫战，但你并不孤单，只要你有足够的信念，保持从容的姿态。

面对丈夫出轨，大部分女性的表现是歇斯底里，与丈夫无休止地争吵，直到彻底把婚姻葬送才明白自己的做法大错特错。想挽回对方，要先静下来，让对方明白自己在这场婚姻危机中并没有被打败。虽然看似你在这场婚姻危机中是个被欺凌的弱者，是很容易被击败的一方，但你一定要鼓足勇气，调整心态，让自己强大的内心从气势上战胜对方。

你的亲人、双方的父母、你们的孩子都是你强大的后盾，你和丈夫共同建立的家庭，你们经营多年的感情都是时间无法抹杀的记忆。

三、原配斗第三者经典案例

很多人问我怎么处理第三者的问题，我用一个案例告诉你。

马小姐发现老公在外面有了其他女人，她很愤怒，觉得很难接受，第一个念头是想找到她，打她一顿。但是又怕因此和老公闹翻了，老公选择离婚。后来她找到美爱咨询，我建议她用正确方法处理第三者插足的问题，尽最大可能拯救自己的家庭。

在我与马小姐经过几次沟通之后，我和她在如何挽救爱情的问题上达成了一致性。于是马小姐按照我们既定的策略开始执行计划。以下是她在挽回成功后，对我复述的挽回经过。

（一）以退为进，化解矛盾

一天晚上，马小姐突然心平气和地跟老公说："有个女人说她是你在外面的女人，她年轻貌美，打算长期跟你一起过，所以她希望我和你离婚……"

男人觉得很意外，没出声。

马小姐接着非常淡定地表示："我们之间出现第三者我也是能理解的，毕竟我们感情不是很好，有时会吵架，你这样做我并不怪你，我觉得她跟你也挺合适的……"

男人听了后心里开始觉得不安。

然后马小姐提出，只是自己和孩子暂时都离不开他，晚点

再离也是能接受的……

此时，男人心里感到心虚和愧疚，没想到妻子这么体贴，又为自己的孩子着想。

马小姐最后说：“先不要急吧，我们会慢慢把事情处理好的。”

男人心里觉得很矛盾，突然觉得老婆对自己这么好，同时又能照顾好这个家庭，自己又有点舍不得原来的家庭。而且他也担心还在读书的儿子，以后跟着后妈不一定好，于是就开始犹豫了，离婚一事就先搁置了。

后来，男人问那个第三者为什么要用诡计找他老婆逼她离婚，第三者不承认，两人吵了一架。

导师点评：在这里有人会问，这样说会不会有风险？万一他真的说“那就好，那我们离婚吧”那不就成全第三者了？

虽然马小姐前面说可以离婚，但后面说孩子离不开父亲，这是非常有力的筹码。只是口头上说离，但实际上以孩子为由不让他离，所以风险减小很多。这样说反而让对方觉得妻子很为家庭着想，是个难得的贤妻良母。

（二）自我提升，引导投入

没过几天，马小姐突然告诉老公她升职了，所以她以后每天都要晚一点才能回来，希望他来接孩子放学。毕竟是亲儿子，男人就答应了。于是每天下班后男人就去学校接孩子。

后来马小姐说自己妈妈身体出了点问题在医院，但是自己工作比较忙，不知道怎么办。男人毕竟还是有感情的，说他可以去医院照顾一下，毕竟丈母娘以前对他很好。

那个第三者渐渐发现男人跟自己联系少了，于是挖空心思让男人来见自己，男人说过不来，正在学校门口等孩子放学呢！

第二次第三者做好饭菜又让男人过来，男人说正在医院陪丈母娘。

话说男人忙了一两周照顾家庭，马小姐下班后去做美容、做头发、买衣服，整个角色换过来了：女人变漂亮了，男人忙家务了。马小姐的改变让老公眼睛一亮，问她最近怎么打扮起来了？马小姐淡淡地答，毕竟升职了，也要应酬，好歹要多注意形象才行。

然后男人心里有些惆怅，这时马小姐突然温柔地说："老公，对不起，最近委屈你了，等我空闲一点了一定好好补偿你，你看，没有你，我和孩子就没法过了。"男人觉得自己很有成就感，老婆这么牛还依赖自己。

简而言之，马小姐渐渐让老公参与到家庭中的各种事务和责任中，不再做包揽全部家务的黄脸婆，而男人因为和孩子、老人接触多了，也感受到了家庭的温馨，越来越觉得这个家离不开自己。

（三）挽回成功

终于有一天，第三者发现男人好久没联系她了，打电话过去，一个温柔的声音说："谢谢你照顾我老公这么久，现在他在照顾我们。"

（四）案例点评

女人一定要做自我提升，保持魅力，还要跟老公平等地分担家务，让彼此平等地参与到家庭的各种事务中。因为男人对家庭投入得越多，越难分离。男人在家里什么事都不用做，根本找不到自己的存在感，所以去外面当大男人了。比如，老婆做饭，老公洗碗；老婆打扫，老公帮忙，两个人经常一块儿参与家庭事务，边说边干，其乐融融。

在我看来，其实只要相处技巧好，每个男人都是一个不愿出轨的好老公。

四、挽回家庭危机的技术要点

（一）错误的挽回方法

你认为自己有理，所以骂男人。但把男人逼急了男人就开始提离婚了，那时候就让第三者钻了空子。

你会经常在电视中看到这样的情形：

一个胖壮女人，穿着随意，行为粗鲁，声音如河东狮吼，在暴打第三者。

虽然女人在男人出轨的问题上是受害者，但看到这样的情形，会不会各打五十大板？

妻子的错误在于，她以为打走了这个第三者，男人就会乖乖地回到自己身边，她却没有从自己身上找原因。自身问题没解决，结果只会使老公对她的怨恨更深。

（二）正确的挽回方法

启动大房模式。大房模式就是你保住自己是一家之母的位置，让老公知道，如果你回头，这才是温馨的家，对第三者暂时睁一只眼闭一只眼，等夫妻感情弥合后再采取主动措施彻底击败第三者。

男人出轨篇

一、男人出轨的八个主要原因

自父系社会开始，随着社会地位的升高，男性开始有这样的想法：将自己的基因更广泛地传播出去，找更多更优质的女性传宗接代。一项科学研究表明，绝大多数正常的男性婚后都有出轨的想法，但不是所有的男性都会付诸行动，因为内心时刻紧绷着的道德理念一直制约着他们。

不过对于女性来说，不能依靠道德尺码来维系婚姻的稳固，而应从根本上杜绝男人出轨的可能性。如何对症下药呢？首先应当了解男性出轨的可能原因，才能最大限度地避免婚姻中的不稳定因素发生。

原因一：性生活不和谐

分析绝大多数的出轨案例，很容易发现这个原因占据着主导因素。

“食色，性也。”婚姻中的性生活和吃饭睡觉同等重要，男性在40岁之前欲望普遍较高，但一部分女性在生完孩子之后，生活重心转移到抚育孩子上，对性事不再那么热心，这必然会造成性生活不和谐的矛盾暴露出来。婚姻中出现性生活不和谐，丈夫欲望得不到满足，很有可能会到外面寻找发泄对象。

性，有时候是一味缓解和释放压力的良药，只不过很多夫妻不明白这个道理。

原因二：生活压力大

生活压力大，其实只是导致男性出轨的间接原因。现代都市生活节奏快，工作压力大，尤其是年轻夫妻，正处于事业上升期，更会把时间和精力投入到工作中。劳累一天回到家中，假如彼此都很疲惫，无心去过该有的性生活，再加上沟通很少，导致生活中的抑郁之情很难排解，甚至在沟通不到位的情况下，还会产生不少的矛盾。在难以释怀的情形下，男性自然会在其他的异性身上寻找压力释放的出口，这便给男人出轨埋下了隐患。

原因三：异地分居的寂寞感导致

这是一项不可忽视同时又有些特殊的原因。不少夫妻由于工作的原因长期两地分居，一两周甚至几个月才能见上一次，正常的夫妻生活自然无法保障，平时的孤独寂寞感难以排遣，导致第三者乘虚而入。

原因四：女强男弱

虽说男女平等，但在大男子主义的心理作用下，男性会普遍觉得自己应当是强势的一方，而女性应当稍微弱势一点，女性在家庭角色中姿态略低一些，这样才能保证良好的两性关系。

社会的进步，在一定程度上给了女性事业成功的契机，于是当婚姻生活中出现女性资产或社会地位比男性高的情况时，男性会觉得自己的伴侣比自己强势，这自然会击垮其与生俱来的自信心和自尊心。如果女性把这种在社会中展现的优势姿态表现在家庭生活中，男性长期处于女性的压制之下，甚至时不时地恶语中伤，丈夫很容易会在家庭之外寻求心理慰藉，用出轨的方式重新找回自尊。

原因五：工作应酬

为事业打拼的男性都离不开应酬，即使他反感饭局，但人在江湖，身不由己，出去跟同事客户一起喝酒，喝完酒难免去一些特殊场所，也许起初不过是逢场作戏，但真正陷入其中，很可能就难以自拔了。

原因六：经济不平等

家中谁主管经济大权，这个问题一直是婚姻中的男女热衷讨论的话题，但不容忽视的一点是：男人有钱就变坏。

倘若你很放心地把家中的财政大权全然交给他，那一定要提防他出轨！有钱，又不知道怎么花，很有可能会把目光转向这花花世界，找个红颜知己做伴。经济基础决定上层建筑，最好还是对家里钱的去向有点了解，做到心里有数。

原因七：家庭矛盾的演化

家庭矛盾的来源很多，比如经济问题处理不当，或者两人在爱情和家庭经营的理念上有矛盾，又或者一些婆媳关系，等等。

你换位想想，丈夫一想起回到家中，面对无休无止的争吵、眼睛圆瞪的母亲和歇斯底里的老婆，哪里还有回家的欲望。时间一长，他自然会萌生在外面寻求安慰，另觅温暖场所的想法，出轨也是必然的。

原因八：对青春的追念

这点比较特殊，一般发生在丈夫找年轻女人的案例中。

看起来不是真爱，但有些男性还是愿意沉醉其中，个中缘由，其实是这类男人错过在年轻时享受美好，在有一定经济基础时，回想起那段岁月，内心有些惋惜和落寞，于是找个年轻小姑娘，感受下青春美好的滋味。

二、男人出轨的四个征兆

丈夫出轨的征兆，不是无迹可寻。当男人开始有出轨的想法和行为时，一定会有反常的情况出现在他的身上。本身就是第六感非常强的你，只要起了疑心，观察他的一举一动，在那些蛛丝马迹中寻找线索，并和下面这四个特征对比分析，也就很容易知道他是否出轨了。

征兆一：对你身体的热情降低

男性出轨的最大一个表现，往往突出表现在性生活方面。假如你发现他开始不再热衷于性生活，宁愿独自上网也不理会你的小情调，又或者回到家倒头就睡，除去他工作劳累的情况，极有可能已经出轨。

男性在性生活方面的精力是有限的，外面有人帮他解决需求，回到家中必然无欲无求，对你毫无冲动。

征兆二：开始很在意仪表

绝大多数男性都是不拘小节，很少会在意自己的外在形象。假如有一天，你发现丈夫开始在乎自己的形象，花时间打扮自己，甚至喷高档香水，那一定要提高警惕了！

回想一下是不是在你们刚恋爱时，他也经常是这样的表现呢？现在又开始打扮自己，必然不是给你看的，而想的是把最有魅力的一面展现给情人。

征兆三：对你态度的变化

当男性出轨之后，对你的态度也会发生变化，但表现一般是两极分化的，不是突然对你非常好，就是找茬发脾气，甚至还会有二者兼备的情况。

在出轨后，男性会进行道德观念的自我责问，内心深处一定会有内疚的情绪，从而产生想弥补你的想法，于是开始刻意地对你好，更加关心，更加热情，主动帮你做家务，给你买礼物，用甜言蜜语和温柔的行动弥补自己的愧疚感，借此让自己在道德层面的压力小一些。

但有时也会有激进的一面，突出的表现是不断找茬，莫名其妙地发脾气。当你发现丈夫喜怒无常，有事没事就爱在你身上挑刺，挑你各种各样的毛病，那一定要注意了！

因为他在外面有情人，所以才会打压你，给你足够的压力；同时他知道自己是错的，但又不愿意承认和面对，所以不断地找茬挑刺，以此证明你也有错的地方，这样会让他内心好受点。

征兆四：格外注意隐私

当你有一天突然发现他格外注意隐私，突出表现是把手机加密，时刻放在身边不给你看，你一定要有所怀疑。

没错！他的确有出轨的嫌疑，因为他害怕接不到重要的电话，又怕她来的短信被你看到，于是跟你躲躲闪闪，打游击战。以前大大咧咧哪里在意过你看他的手机，现在你想碰他的手机都简直要了命，你说不是心里有鬼又是什么呢？

三、男人出轨的两种类型

（一）图色型

特征是：和情人的关系遮遮掩掩，不敢公开，不会提离婚的。

这种类型的男人既想在外面玩，又要保持家庭完整，不想家庭破裂。

图色类型的出轨男人通常能成功挽回，这种男人虽然在外面找情人，但心里还有家庭。所以建议原谅他，给他机会后要严加管理，绝不可以给他太多的自由。

（二）走心型

特征是：你和他的感情很冷淡，你们之间问题很多，对方经常主动挑起争吵，甚至会提到离婚。

他想离开家，肆无忌惮地和别的女人在一起。这种男人的心都是在外面的。

通常是因为婚姻关系已让他失望，他想重新开始一段感情，或者是婚后才找到他的“真爱”。

这种出轨的男人挽回难度较大，要在自己身上找原因，要努力自我提升，然后化解矛盾点。

四、男人出轨的四种心态解读

丈夫出轨，对于把全部心思放在婚姻上的妻子来说，无疑是沉重的打击。心念着这段感情的妻子，即便内心的悲痛情绪难以抑制，但还是会想着去挽回丈夫的心，挽救岌岌可危的婚姻。在丈夫出轨之后，一定要清晰地洞察其内心的真实想法，探寻适合的方式，才能让你重新找回幸福。

心态一：重新找回激情

出轨的男人并非完全反感现在的婚姻关系，而是由于正在经历的婚姻早已度过了恋爱时轰轰烈烈的激情阶段，平淡的生活让其觉得索然无味，于是萌生出用一段新的感情重新找回激情的想法。

心态二：满足自我虚荣心

男性出轨中很大一部分原因，来自于对自我虚荣心渴望满足的诉求。你们的婚姻太平淡，平淡到他找不到满足虚荣心的地方，所以开始在其他异性那里寻求关注，以此来找到满足感。

心态三：愧疚和矛盾

出轨的男性内心会有愧疚感存在。婚姻是一种承诺，良心未泯的男性，在出轨之后会陷入自我谴责，因为自己实在有愧于共患难的妻子，于是内心深处涌动出愧疚情绪，很难彻底消除。

可是他又会觉得跟情人在一起更轻松，没有家庭和责任的束缚，还比较难舍弃这段地下恋情，故长期处于矛盾的心理状态。

心态四：疲倦

出轨之后，有的男性会抱着“吃着碗里，望着锅里”的心态，往往会奔波于两地，一面应付着妻子，另一面又享受着情人带来的惬意，但长此以往怎么可能舒服呢？既担惊受怕，又会因为名分的问题苦恼，劳累于奔波，疲倦不堪。

五、男人出轨被发现后的四种表现

丈夫出轨，对于妻子来说一定是沉重的打击，但既然已成事实，再怎么痛苦也要积极面对。想挽回丈夫的心，同时最大限度地减少男人出轨后带来的损失，一定要认识到男性出轨后的这几种表现，读懂其所蕴含的真正意义。

表现一：敢做不敢当

由于内心时刻受到道德的谴责，同时又不愿意承认自己的错误，有的男性会有“敢做不敢当”的赖皮表现。由于不敢面对妻子的质问，还会反咬一口，说：“你太多疑了，是不是一直不信任我？！”

更有脸皮厚者，在妻子找到证据之后还死不承认，胡乱辩解，依旧我行我素……这样的男性永远意识不到自己的问题，再想怎么用真情打动他也无济于事。

表现二：一脸无所谓

即使出轨铁证摆在面前，纵然妻子想要个说法，但这种男性还是会表现出一脸无所谓的样子。很明显，这种类型的男人对待婚姻的态度也是如此，在他们的观念中，婚姻其实是可有可无的，而自己的出轨不过是寻求刺激而已。甚至当妻子提出离婚时，也依然是这种态度，甚至会堂而皇之地去找其他女人。

表现三：痛哭求情

这类男人本性老实本分，只因一时抵挡不住诱惑出了轨。在出轨之后，内心总觉得愧对自己的妻子，长期处于自我谴责中，很难自拔。当被妻子发现并找到证据，最后一道心理防线彻底被击溃，由于舍不得自己的家庭，会断然离开第三者，回归家庭。

遇到这种类型的男性，挽回的概率比较大。

表现四：打悲情牌

出轨后被妻子发现，面对质问打悲情牌的男性，在平日的生活中一般都是妻管严类型的，由于家庭的束缚太严重，会想在听话的女性身上找回男人的自信，于是婚内出轨。当有了外遇，这种男性一般会怀揣侥幸心理，在家中扮演乖乖的小绵羊，在外面又变成威武的雄狮，两种身份和生活让他各取所需。可是一旦被妻子发现，衡量出轨的成本太高，也就会安于守住家庭。

六、理性分析男人的出轨问题

总结各种出轨案例，很容易发现婚内出轨的男性偏多，当女性发现丈夫出轨，首先想到的是：丈夫对我不忠，但毕竟已经走过这么多年，我该怎么办呢？是原谅他，还是放弃这段婚姻呢？

阅读下面的文字，我想你一定能找到自己想要的答案。

（一）他出轨，但没想离婚

男人出轨了，但他不一定想要离婚，这个信号对你很重要，希望你能明白这个道理。即使他在外寻求刺激，看似抛弃结发妻子的行为愚蠢透顶，实际上他内心一定明白：没有人能代替自己的妻子，第三者不过是平淡生活的一道调味剂，过日子可以少一味调料，但不能缺少核心的人——那就是你！

除此之外，也有一时冲动或逢场作戏的可能，比如在职场中的应酬，出轨都是在不经意间发生的，男性在这些时候也不愿意对不起妻子，更不愿意背叛家庭，但事情发生之后很难挽回，于是后悔莫及。

他出轨，但不代表想要离婚。所以，现在的你还是要保持冷静，分清楚状况，看看这个男人值不值得挽回，可不可以挽回。

（二）利用男性的愧疚心理

面对诱惑，男性一时冲动，这并不代表他不爱妻子了，不在意背后的家庭了，大多数男性在出轨之后，内心是备受自我谴责和煎熬的。

对于出轨的男性来说，他们很清楚家庭才是属于自己的港湾，但多年的平淡家庭生活往往会让他们把婚姻看作一种束缚，于是他们渴望自由，渴望在其他女性身上重新获得这种感觉……但在冷静之余，孰轻孰重还是分得清的。

如果你的丈夫是这样的类型，因一时头脑发热而出轨，即使内心憧憬着浪漫自由，可也明白最重要的还是婚姻和家庭，最值得珍惜的是可以握在手中的幸福。当你有意无意间提醒他时，他会猛然在迷乱的情路中清醒，这样的男性值得你挽回。

但少数男人天性如此，习惯于拈花惹草，到处留情玩暧昧，当你抓到他时他还是死不承认，甚至摆出一副“我就这样，你能奈我何”的态度……对于这样的渣男，还是不要抱有幻想了。

七、发现老公出轨后的错误行为

再幸福的爱情，也不能保证没有第三者出现，人类的感情问题永远是一个谜团，正常的男性亦难禁得住诱惑。若是发现丈夫出轨，作为妻子的你不愿意放弃这段婚姻，想用实际行动去唤回对方的心，那么前提是一定要保持足够的理智，因为在冲动之下容易犯错，有些错误举动只能起到反作用。

行为 1：离家出走或冷战

发现丈夫出轨，内心再强大的女性也不能忍受，此刻的你冲动到想要离家出走，这辈子再也不想见到他，或者干脆冷战，直接把丈夫当成空气，但再怎么崩溃也别走，因为你走了等于把丈夫留下，给了第三者机会，这岂不是得不偿失？

行为 2：哭闹到让亲友皆知

遭遇这种事情，抑郁和压力是难免的，虽然哭闹可以帮你发泄情绪，但一定要保持底线，万万不可闹得亲友皆知。

冷静点，想着彼此，想想你的丈夫现在是矛盾的，他明白很对不起你，只是抱着玩一玩的态度，但此时又找不到台阶下，假如你闹到亲戚朋友那里，看起来可以获得亲友的支持，但实际上最后不过是他人茶余饭后的谈笑罢了。

尤其是当事态变得严重，周边都是流言蜚语，本来就在犹豫中的丈夫自然很难忍受，甚至会离你们远远的。况且即使问题最后可以得到解决，你的丈夫也很难在亲友那里抬得起头，夹在中间实在难受，这真是得不偿失！

行为 3：用自虐获得同情

女性内心在受到重创时，一般有两种发泄方式：借助外物释放；通过自我虐待的方式获得同情，找到释放点，比如变得脆弱懈怠，用绝食等自虐方式唤回自己的丈夫。

但一定要记住，同情永远不等同于爱情。以虐待自己的行为来惩罚对方，只能让还在摇摆不定的丈夫更加远离你。

行为 4：告知他的同事、朋友

在遇到丈夫出轨的情况时，有的妻子不知道怎么解决，想到的挽回方法是让丈夫周围同事朋友都知道这件事，通过大家道德上的谴责唤醒他。殊不知不管是去告诉他的朋友，还是跑到丈夫单位和上司那里闹，都只能让他下不来台。

即使他暂时毁了你的爱情，你也没必要毁掉他的圈子和事业，而且这对你的婚姻毫无裨益。永远别让事情的范围扩大化，学会克制自己，让影响降低到最小值，这才能真正地把主动权掌握在手中。

行为 5：语言和行为的教训

他出轨的确是不对，但现在你处于这段感情的上风，直接决定两人婚姻走向的还是你，此时此刻愤怒的你，一定想着让他得到应有的惩罚，同时达到自己的目的。但是口诛笔伐、对他恶语相向对你的挽回有帮助吗？这只能让你们两人更受伤。

彼此互相伤害，跟两个刺猬抱在一起有什么区别呢？这样负面效应十足的举动，只会让矛盾激化，把丈夫完完全全地推向第三者。

行为 6：找第三者摊牌

如果可以，建议永远不要和第三者碰面，因为你们的观念是不同的，你们的思维方式也是不一样的——丈夫想找新鲜感，一定会找个跟你不一样类型的女性，所以不管你们怎么谈都不会有结果。

经常看到原配上街打第三者的新闻，这样的行为看似畅快，但在看客眼中出丑的何止第三者一个人呢？况且这种让丈夫“曝光”的行为，对谁的伤害都很明显，又是何必呢？

八、老公出轨后的正确做法

在得知丈夫有外遇后，无论多坚强的女性，内心都会痛苦无比。丈夫出轨，最大的受害者永远是妻子，因为妻子会在痛苦和无奈中徘徊，不知何去何从。在得知丈夫出轨之后，应当怎么挽回他的心呢?

本篇文章将帮助你剖析出轨男的内心，梳理问题，杜绝错误行为，借此找到最合适的方式，拯救属于你的婚姻。

（一）保持冷静

不管你现在的心情有多愤怒，现在对你来说最重要的是：在适当的发泄后，保持足够的冷静。假如你很难做到这点，那么想一想：不冷静，肆意哭闹，甚至没想清楚就离开，难道不是给了他人机会？你愿意把丈夫交给其他的女人吗?

想想吧，男性为什么要出轨呢?

你们在热恋时期，还有当你们刚走向婚姻殿堂时，他一定对你百般宠爱，本来像是美酒一样理应日久弥醇的爱情，怎么突然会出现裂痕？相处久了，爱得再深也会有疲倦的一天，尤其是在平淡的生活中，感受不到足够的激情，克制力不强的男性自然会把视线转到远方。

男性出轨是寻求刺激，是一种试图找到自己依然很有魅力的证明。在男性出轨的问题上，即使绝大部分的责任在他，但也同时要看到自己的问题：生活中没有惊喜，平淡的岁月磨平了自己的魅力，不再保持优雅的自我，随着容颜的老去，自己变得越来越少女性的魅力。

（二）你愿意挽回吗？他值得你挽回吗？

保持理性的头脑，才能开始思考挽回的种种问题。不论现在你的脑海中徘徊着多少问题，不管你内心深处有多少不同的声音，其实归纳起来就是这两个问题：

1. 你愿意挽回吗？

这个问题的答案完全在于你，不论你的闺蜜怎么说，不管你的父母怎么劝你，但做出选择的不在他人，永远在你。假如你觉得不能容忍对方，自己内心深处的精神洁癖告诉自己，一个出轨的男性是不爱自己的，是不值得再留恋的，那就放弃他，无须再勉强自己；若是你很难放弃这段婚姻，觉得他不过是一时头脑发热，重新找回后你有足够的信念让他不再有出轨的念头，那就选择挽回。

2. 他值得你挽回吗？

这个问题主要在于客观因素——你的丈夫。他的态度直接决定着他是否值得你再爱，若你的丈夫真的是一时冲动，那一定会表现出良好的认错态度，这源自于内心的道德观念制约，这种情况是可以挽回的；倘若对方一脸无所谓，甚至在你们结婚之前就有过种种不忠的行为，一次次地用出轨后又请求原谅的行为伤害你，那你觉得又有什么挽回的必要呢？

（三）找准时机谈判

假如你选择挽回，那一定要找合适的时机谈判。

什么是“合适的时机”呢？

合适的时间，就是在你们都冷静的前提下，地点建议选在家中。只有你们两人独处时，既然彼此愿意面对，那干脆敞开内心，双方心平气和地谈，你不要有太多的指责话语，同时保证丈夫别总是有内疚的情绪。

告诉他，你可以既往不咎，你愿意原谅他，但不代表你是忍气吞声，更不代表你是离不开他才这样做的。你爱他，信任他，认为他不过是一时冲动，可以谅解，所以才决定原谅，但原谅的前提是他保证不再犯错。

宽容，保持平和的态度。先让对方表态，你们的日子是否能继续过，双方要做哪些努力才能让爱情重新回到正轨；若是不幸谈不拢，那可以考虑离婚，一段无法挽留的爱情，该散就散去吧！

（四）妥善处理他与第三者的关系

想让爱情重新回到正轨可没那么简单，你可千万别忘记，还有个第三者的问题没处理。其实你完全没必要去和她针锋相对，若是你的丈夫选择和你重归于好，那心中自然已经决定放弃她了。

告诉你的丈夫，想保证接下来你们的婚姻一直幸福，那么你的丈夫和第三者就绝对不能再有来往。相信他，让他去处理这个问题吧，否则问题会变得更麻烦，你尽量别参与其中，否则两人的事会变成三个人的。

（五）最后的小提示

任何婚姻出现问题，都有诊断的必要。丈夫出轨，即使责任在他，但也有你自身的问题存在，若是你真的有十足的魅力，让他有离不开你的想法，他又怎么会出轨呢？

是不是越来越懒惰了？结婚之后再也不打扮了？又或者在不少事情上忽视了他的感受呢？

婚姻亮了红灯，对你来说是天大的事，但再难的事也要找到问题的根源。爱情永远是两个人的事，出现问题彼此都有责任，永远不可能是单方面的，宽容大度的你、善解人意的你、积极向上的你，以及你们和谐的性生活，都是家庭关系稳定的润滑剂。

九、防止老公出轨的四要素

细节打败爱情，即使再优秀的女性，也会在经营爱情时出现纰漏，因为“人”这一因素是最不可控的。你把他当成一生的依靠，可他若有出轨的行为，一定会让你如坠深渊。

在婚恋中，女性要学会防微杜渐，注重爱情的细节，防止丈夫出轨，可以说这应当是当今社会女性的一项必备婚恋技能。本书整理出四条建议，希望这些建议能给你提供一些可靠的思路，夯实自我婚恋技能。

（一）给他足够的面子

男人是世界上最要面子的生物。想要和丈夫的感情越来越亲密，让他有离不开你的想法，那必须要有足够的智慧，获知他内心的真正需求，并在最大程度上满足他。

维护老公的面子，就是一个轻而易举达到这个目的的方式。在他的家人和朋友面前顾及他的面子，学会打扮自己，让他愿意带你出席各种社交场合……这些都能满足他的内心诉求，越来越依赖你的他，怎么可能离得开你呢？

（二）体贴和关心最靠谱

找不到问题的思路时，完全可以逆向分析：丈夫出轨的意向是去寻找什么呢？

很有可能是因为在你身上找不到足够的温暖了，所以才会去找新的目标和归宿。这就很容易找到防范问题的根本：给他足够的关心和体贴，当你能持续不断地给他足够的感动，当你的丈夫内心中装的全都是你时，必然不会有出轨的想法。

（三）可以争吵，但不要随便说离婚

婚姻中看似再完美的两人，也不一定是完全契合的，当思维理念中的差异触碰在一起，夫妻二人自然会有争吵。

但争吵并不是坏事，遇到问题和分歧，理性的争执能够帮你们找到解决问题的途径，并达到观念的基本一致。但在争吵中，不论你多么气愤，不管你心情如何的糟糕，都不要将“离婚”这两个字挂在嘴边。要知道，这样的语言一定会让丈夫反感，直到把他推向其他的女人为止。

（四）努力充实自我

一些男性的出轨原因，源自于婚后发现自己的妻子越来越缺少女人味，于是才开始在外寻找刺激。

其实这源自于女性结婚之后，随着生活的平淡和结婚生子

给自己带来的生活负担，使女性不太重视打扮和自我提升。虽然说你们已经结婚，但这不代表彼此之间不再需要吸引力，保持足够的魅力，找到提升自我的途径，让琐累的生活转变为富有情趣的生活，做个魅力十足的妻子，让他越来越爱你，还怎么可能出轨呢？

自我形象提升技巧篇

一、提升外在形象

（一）个人卫生

在打扮前，请关注自己的细节，注意头发的整洁度，看看指甲是否太长，齿缝是否有残屑，等等——再漂亮的女神，也很可能会在细节处打败仗。而约会前再喷上点适合自己的清淡香水，将会让你魅力倍增。

在这方面我建议：

每天洗澡，身上不能有异味；

每天饭后要刷牙，牙齿不够白的建议做冷光美白；

体毛一定要定期清理。

（二）穿衣打扮

容易入门的提升方式是学习化妆、穿衣搭配的方法，扬长避短。合理的衣着搭配可以掩盖一些瑕疵。

化妆真的是快速提升魅力的好办法，换身装扮是最简单、最有效的改变形象的方法。

每天早上起来洗头发，做好护肤，为化妆做好保障，就算时间再紧，也要淡妆出行，对于气色提升有帮助。

穿衣服一定要合身，颜色要搭配，一般全身不要超过三种颜色。

学会合理的穿搭，比如穿着毛皮大衣可以配个质感不错便宜的随性小包包，在有限的条件内合理穿搭也可以达到想要的效果，会让你提升不少魅力，做一个在别人心目中有品位的精致女人。

好的穿衣搭配也会给身材加分不少，如果你不属于漂亮的类型，那就努力提升自己的气质，多看看时尚杂志的穿搭原则，会自然而然提升自己的品位。

（三）护肤美白

俗话说一白遮百丑，坚持护肤的习惯，拥有健康白皙的肌肤，保证有规律的作息时间，尽量不熬夜，做好皮肤清洁保湿，饮食清淡，平时可以吃点红枣银耳汤，对女生很有好处。

我的朋友黛娜属于长得不丑，皮肤偏黑的女性。后来她用一年的时间注意防晒，白了好多，去哪儿都有人借故来搭讪，之前体重60kg的时候男友与自己分手了，现在看到她从里到外的改变后追悔莫及。

黛娜分享：

护肤美白、化简单的妆和做头发能让普通女生变女神。一年前身边的人觉得我变化很大，因为护肤成效已经很明显，皮肤白了不少。换上裙子，齐腰的长发做了大卷，开始搭配穿衣。后来我遇到了很多追求者。我很想告诉大家，很多女生五官本身还OK，为什么不好看？就是皮肤不够白，不够水润光泽！

基础保养要做好，水乳精霜不能少。你只要做到认真补水，定期去角质，按时做面膜，美白精华用起来，保持好的作息习惯，你的皮肤就不会出现非常大的问题，保持好的皮肤状态，它会让你神采奕奕。

同时我还要说的是防晒霜很重要，因为所有让你变黑的因素都包括暴晒，想美白一定不能忘了它。我现在每天出门再怎么偷懒都会涂防晒霜，夏天出门也会打伞，因为头发也需要防晒。我是个防晒控，市面上几乎所有的防晒产品我都用过。可能也是因为这个原因，见过我的人都会觉得我很白。

美白不是一两天就能见效的事情，务必要长期坚持。

（四）健身减肥

提升魅力最有效的就是个美容+减肥了。一胖毁所有。如果你身材偏胖，第一件要做的事就是要减肥。

瘦身的信念必须百分百地坚定，当你想到那些比你高、比你漂亮却比你体重轻的女神时，你想多吃一口的欲望会马上消退，想少锻炼两分钟的欲望马上变成多锻炼两分钟。

健康减肥不反弹，减肥不要急于求成，不要轻言放弃。过胖的女性尤其要保持健身习惯，力量训练会让身体各部位更加紧实有致。如果肌肉松弛满身赘肉，再美的衣服也拯救不了你。

减肥是对爱美胖女生最有效的方式了。我有一个朋友身高167cm，体重59kg，有次听到别人说她单看颜值不错，但腿太粗时，她从此下决心减肥。

为了健康她没有节食，而选择长跑和改变饮食结构，坚持每周一、三、五跑步机跑五公里，周二、四做瑜伽。基本吃素，肉也是少量鸡肉和鱼肉，基本不吃高热量的食物。坚持了3个月，现在她的体重50.5kg。

从前一直普普通通的她，自从瘦了之后，开始注意打扮，回头率真的比过去高很多，工资待遇变高，人也自信很多。

（五）控制饮食

少吃多餐，甜点、零食、油炸食品尽量不吃，想吃的话就早餐吃吧！

瘦身是一个长期的过程，是生活方式的改变，你要让减肥成为一种习惯，一种健康的生活方式。

二、提升生活的内在品质

（一）提升自我修养

用培养气质使自己变美的女性，要比用打扮来美化自己的女性，具有更高的精神境界。相信很多人都赞同这句话。那么怎样才能修炼出自己的良好气质呢?

一个人的气质是其内部修养的结果，外在表现于其谈吐、待人接物的方式态度等。优雅大方、亲切随和是良好修养的表现；同时要注重知识的积累，读书能提升一个人的思想境界，也能开阔一个人的视野，有了内在的积累，自然会在谈吐中由内而外地散发出来。生活中，对别人信任和欢心，常怀一颗感恩之心；富有幽默感又充满自信，一个懂得在适当场合展露笑容的女性，会赢得更多人的青睐。

（二）带着自己的心去旅行

旅行可以带给一个人很多的好处。旅行的意义是放松身心，开阔眼界，洗涤心灵。当你在不同的地域，不同的文化国度，接触不同的人时，会有不同的感受和人生感悟，这是很难得的人生经验。俗话说：见多识广，旅行是个人生大课堂，也许旅行中的一片风景、一个陌生人的微笑就会让你豁然开朗，抛却生活中的很多烦恼。

旅行还是项综合性的活动，其中大有学问，为此，在旅行前要做好身心各方面的准备，它既是一个增长知识的过程，也是考验一个人身体素质的过程。不妨在工作之余做一个长期或短期的计划，让自己的身体随着内心做一次完完全全的放松。

（三）培养艺术素养

一个具有良好艺术素养的人，会用美的视角关注周围的事物，使自己的人生变得更有意义。我们常说：生活中不是缺少美，而是缺少发现。这种发现所讲的，就是生活中的艺术眼光。艺术家有着高于常人的审美理念和审美情感，这种对于美的热爱能够激发出他们对生活、对艺术、对祖国的无限热爱的美好情感。而普通人虽然难以达到艺术家的审美高度，但培养良好的艺术修养也会给自身带来无穷的财富。那应从哪些方面提高自我的艺术素养呢?

要注重提高鉴赏能力，正确引导自身的审美情趣，可以根据自身的情况学习一门乐器，有计划地听一场高品质的音乐会，参观画展，结交意趣相投的朋友，融入相关的团体或圈子，与他们交流互动，不断地提升自我的艺术品位。

培养艺术素养不是一朝一夕的事情，要把这种审美情趣带到生活中，让它成为生活的一部分。有较高审美情趣的人，既能够增加生活的格调，开阔视野，还能得到更多的艺术享受。

经典案例篇

一、用闺蜜考验男朋友，他上当了怎么办？

来信内容：

您好，老师，对于我的冒昧来信，请您谅解。事情是这样的，我之前有过一个男朋友，本来我全心全意投入，但最终以他出轨告终，自那时起，我就多少有点疑心病了。现在交了一个男朋友，相处起来还不错。我相信爱情，但我一直有点担忧，希望你能明白我的意思。

我一直挺苦恼的，大概是上一段爱情带来的阴影，我向闺蜜诉苦，说自己毫无保留地想付出，但又总有阴影。于是闺蜜给我出主意，她用自己的微信小号去加男友，稍微撩拨撩拨他，看看我的男友有什么反应。

介绍下我的闺蜜，她比我漂亮，气质更好，有一票人排着队追求她，但她眼界一直很高，尚单身，很能调动男生的情绪，非常有魅力。我觉得若是男友能抵挡住闺蜜的诱惑，那么他对我一定是非常忠诚的，于是我答应了。

可仅仅过了两天，当闺蜜将他们的聊天记录发给我时，我真的有种晴天霹雳的感觉。原来男友是这么花心的人，没两天就被拿下，管闺蜜的小号叫“宝贝”，还要约她出来。

我现在还在犹豫，到底是该摊牌呢，还是默不作声呢？老师，我到底该怎么办呢？

导师回复：

在你看来这是一场考验，但在我看来，你的行为和“钓鱼执法”毫无区别。

要知道，男生骨子里都是花心的，这源自于自古以来的基因——远古时代婴儿成活率低，于是男性都会倾向于找更多的女性，将自己的基因更多地四散开来。当然，现代社会不允许这么做。

一家婚恋网站的权威调查显示，男性发出邀约的信息占据着整个网站里的92%，在这个男女比例基本持平的网站，这个数字有多夸张，相信你能想象出来。

换言之，大部分男性都不会遇到异性主动搭讪，更别提求偶的了。即使你的男友再怎么老实，遇到女性搭讪也会失了方寸。

相信我，假如你懂得经营爱情，知道如何牢牢地拴住他的心，那么只要对方不犯原则性错误，就别去刻意验证对方对爱情是否专一，否则事情败露，还很容易引火烧身。

二、男友一直和前女友有联系，我该怎么做？

来信内容：

老师你好，我和男友交往快半年了，他是我的初恋。他之前有过一段三年的感情经历。我对他一直很放心，但我前天不小心看到他手机后台有消息，鬼使神差地拿起来看了一眼，竟然发现他还在跟前女友联系！

虽然只是一些简单的问候，生活上的互相倾诉（庆幸的是没有邀约什么的），但对我来说却是极大的打击。难道我不够好吗？还是说他们之间余情未了？那我算是什么呢？

导师回复：

在回答你的问题前，请允许我感叹一下——最近一周里，有两个女性朋友在朋友圈中晒结婚照：一位晒的是自己婚宴上的同学一桌，我当时很震惊，里面还有她的前男友；而另一位更有意思，参加她中学时代前男友的婚礼，而新娘竟然是她的双胞胎闺蜜！

我第一个感觉是：时间的力量的确不可小觑，能让恋人忘掉一切，重新成为朋友。

不是吗？两人走到一起，一定是互相吸引，但最终不管什么原因有缘无分，不再属于彼此。实际上男女之间还有很多共同话题，依旧是亲密的朋友关系。

其实，看到你的男友和前女友联系，你大可以放心，他至少不是一个绝情的人，毕竟只是在相互问好和互相倾诉。不过既然你很反感这些，那就直接说出来吧，但别太强硬，更不要决绝地命令对方。

告诉他，你们可以继续联系，但不要逾越朋友的界限，你更希望他能陪陪你，少联系前任。因为现在的你才是陪伴在他身边的女性，没有之一。

三、身边有非常优秀的男生追我，可我对他没感觉，该拒绝吗?

来信内容：

亲爱的心理咨询师，您好！我关注这个栏目没有多长时间，但自从第一次开始看，我就停不下来，一闲下来就看看公众号更新了没有。

我是一名大二的女生，长相一般，神经大条得一塌糊涂，感情方面是空白，完全可以用“女汉子”这个词来形容我。从理论上来讲，我这样的女生应该不会太受男生关注，但在工科院校嘛，女生都是宝贝，虽然比不上那些青春靓丽的女生有那么多的男生追求，但也时不时地会有男生对我示好。

可我在感情方面真的是一片空白，不管男生多么主动，我都是一副逆来顺受的样子，不主动也不拒绝，即使对方看起来真的不错。这两个月，有一位同专业的大三学长一直约我，上自习、吃饭、看电影、听音乐会……我也说不出到底喜不喜欢他，自己也非常木讷，学长的表白我也委婉拒绝了，但对方依然没有放弃。

我真的不知道该怎么办。选择在一起吧，自己又找不到感觉；直接狠狠地拒绝吧，又担心伤了他的心，更害怕自己失去难得的机会，再也没有恋爱机会——我还是很想谈一场恋爱的。

导师回复：

来信已收到，向你问好。其实你咨询的问题很简单，哪怕一个未涉足感情多久的局外人，只要能静下心来听你谈谈，也可以轻而易举地帮到你。

你的问题在于：你认为自己不够优秀，可身边又有挺优秀的男生追求，于是把这件事看作是客观因素（工科院校妹子少），或干脆当成自己一时的桃花运。说不出喜欢还是不喜欢，不忍心拒绝，但接纳对方的话，又觉得找不到感觉。

这简直是一道送分题！毫无疑问，你不喜欢这个男生，否则怎么会找不到怦然心动的感觉？否则又怎么会不选择跟他在一起呢？你说自己是情感上的白痴，但我觉得你还是很谦虚的，绝大部分情感空白的妹子，面对男生的追求攻势，都会去“试爱”，哪怕一时找不到感觉，所以说你还是很理性的。

可再怎么强求，不喜欢终究还是不喜欢，于是美好的初恋幻化为泡影。

但你还不够理性，之所以这样说，源自于你内心多少存在的自卑情绪，加上又未曾尝过恋爱的感觉，于是当面对男生追求时，多少会有些享受这种在不经意间内心的愉悦感被开启的感觉。

我想说的是：任何姑娘都是优秀的。

是啊，你说你不够漂亮，但在任何男性看来，二十岁出头的姑娘，只需打扮清爽，略带时尚，都是一道亮丽的风景线。你说自己神经大条，可你却不知道，在这个浮躁的社会，多少男生把这类单纯的姑娘当成宝啊！

你其实很优秀，你理应找到让自己怦然心动又深爱你的那个Mr. Right，面对一个不适合自己的男生，即使他可以一时给你带来内心愉悦，但终究不适合走下去。青春短暂，若把时间和精力浪费在一个你并不喜欢的人身上，又和两只刺猬蜷缩在一起取暖有何区别呢？最终只会让彼此遍体鳞伤。

目前对你来说，最需要做的就是：表明你的心意，彻底拒绝对方，不让对方再白白浪费精力，也让自己从犹豫和徘徊的泥淖中彻底挣脱出来。

优秀的你，终究会等到适合自己的恋人；优秀的他，也会找到真正值得付出的女生。

四、总是忍不住争吵，该如何杜绝这种情况的发生？

来信内容：

美爱的导师你好，通过闺蜜的介绍，我关注你的专栏有一段时间了，很喜欢你对恋爱的剖析，尤其是心理层面的分析，让我真正意识到男女思维的差距，更明白了要学会相互理解。我一直默默地关注专栏，可未曾想到有一天会这么贸然地向你求助。

我和他认识两年了，是他追求的我，最让我感动的是，对方为了跟我在一起，甚至还一直跟他反对我俩结合的父母抗争。走到一起很不容易，一路上十分艰辛，当然，更多的还是在一起时的幸福。可热恋终究会褪去，色彩斑斓的你侬我侬过后，彼此才是真正的接触。

我承认，我很敏感，很愿意抓住细节不放，但他也有做得不对的地方，我们总会在很多方面出现争执，择业、花钱、养不养宠物……这些大大小小的事，我们之间一言不合就爆发冲突，有时甚至还会冷战……

我很爱他，但我很反感争吵，可一旦两人在一起，碰到矛盾的导火索，我总忍不住爆发。我想杜绝两人之间的争吵，可在我看来，仿佛只有不在一起时，才能避免吵架，我该怎么办？

导师回复：

读完你的来信，我不禁想起这样一句话：如果把恋爱当作一次烹饪，那么男女两人都是掌勺厨师——共有的物质基础是食材，煎炒烹炸是生活，勾芡、点缀各有千秋，最终的滋味自然大不相同。即使是最简单的食材，经过用心料理，搭配上暖心的点缀，勾芡出令人回味的调味品，最终的料理也将会是独一无二、别有风味的，更会成为你们舌尖和心头的唯一。

恋爱中那些令人回味的调味品，当然不只会有牵手时的温暖，初吻时的悸动，低声诉说心语时的心动，以及在无数个夜里的辗转反侧……

只有甜味的食物并不适合正餐，这就像是热恋期，盲目到视网膜中只有对方的好，可这只适合餐后甜点，点缀生活，但永远不能成为生活的全部。

酸甜苦辣咸，起初入口略苦，转而舌下生津，回味甘甜不已，令人啧啧称奇，才是令人难忘的好料理。恋爱亦是如此，苦涩应当是爱情的一部分，甚至占据相当重要的地位。

而争吵，则是恋爱这道令人回味无穷的料理中最最难得的调味品。争吵的意义不在于谁是谁非，而是让彼此不再盲目地在热恋中徜徉恣肆，并慢慢地开始在彼此磨合的过程中，找到两人之间存在的差异：思维、观念、待人接物、处事原则……

热恋期不过是试爱，想让彼此心灵彻底碰撞到一起，让爱情这道食材征服味蕾，一定要做到让两人的理念不谋而合，哪怕依然存在适当的差异，也要达到彼此相互包容的魄力：虽然我不认同你的观念，但我爱你，我愿意包容和理解你。

吵架是一道独特的作料，酸、苦、辛辣都是，但也都不是。合格的恋人，是经得住争吵考验的，只有这般，才能最终沉淀下来属于你们的恋爱经验。

但调味品终究不是食材本身，少则寡淡无味，多则冲击味蕾，影响着其他的滋味。恋爱亦是如此。争吵可以有，适当的争吵，妥善的处理，是维系恋人关系的润滑剂，可是无休止的吵架，势必会影响恋爱本身——视网膜效应原理，造成忽视其他幸福因素，产生悲观情绪。

从你们目前的状态来看，现阶段的问题是：争吵太多，又不懂得如何在吵架后达到彼此磨合的目的。

我对你的建议是，别那么敏感，恋爱可以粗枝大叶一点，放平你的心态，不在鸡毛蒜皮的小事上纠结，浪费时间和精力是小事，影响恋爱走向是大事。当然，最重要的，还是要学会如何处理争吵。

送你吵架的二十一字真言：就事论事、不提旧事、不攻击对方、学会认错、事不过夜。

再遇到类似的事，先想想吵架的意义：你的目的到底是让爱情越来越糟糕，还是用这种特殊的方式来找到彼此之间的平衡呢?

你可以吵架，但要控制量，不宜过多。吵架本不是糟糕的事，不过是男女沟通的一种独特方式罢了，只是太多的人处理不当，让本来的“激烈沟通”演变成了“彼此互掐”。这就好比刀子，本是剪裁艺术品的工具，可有人却把它当成了凶器。

聪明的姑娘更要会吵，让吵架成为磨合爱情的一件工具。

我坚信，你是无比聪慧的读者中的一员。

五、男生追求初期，如何掌握拒绝他的节奏?

来信内容：

之前看一篇恋爱教程中谈到“在男生追求期间，不管是邀约还是求爱示好，都适当地拒绝几次，倘若一上来就答应，自己将会彻底处于劣势。”

看完之后，我觉得挺有道理的，于是用在自己身上。这名追求者是闺蜜介绍的，比我大三岁，本科毕业，在一家外企做业务主管，谈吐得当，为人挺精明，接触起来还不错。前几次接触聊得一直不错，对方乘胜追击，直接提出约会的请求，但我拒绝了他，又经过两周的网聊，再次邀约，又一次拒绝他，之后他不再直接提出邀约，总问我什么时候有空，我都含含糊糊带过。

可让我很郁闷的是，他好像变得冷淡了，对我有一搭没一搭的。其实我对他感觉还是不错的，本来打算再拒绝一两次就好好相处，但看起来我们机会不大了……

其实我很想知道，男女第一次见面就聊得很愉快，到底是正确还是错误呢？向我发起约会的请求，我是该推了，还是赴约呢？

导师回复：

尽信书则无书。大部分的恋爱教程，的确有可取之处，这些往往都是汲取导师恋爱经验，以及众多案例分析的结果。但再优秀的教程，也不完全适用于你，这点一定要明白。

因为你是独一无二的，你和他的相处也不会印证任何的恋爱案例，而面对恋爱经验和技巧，你最应当做的是：充分理解其中的思想，不要生搬硬套，理解并运用到自身才是王道。

恋爱教程中讲到：拒绝男生三次，若他百折不挠，依旧如故，那恭喜你，这个男生真爱你。

于是你就深信不疑，不管自身情形如何，冷淡地拒绝对方三次，最终再下定论。但这一切都是建立在“理论”上的！

1.“三次”，这是个概数；

2.若你很喜欢他，恨不得马上跟他在一起，还有拒绝的必要吗？对方都表现得这么明显了，还不抛下矜持的面具？！

3.若对方属于腼腆羞涩类型的，根本接受不了拒绝，那岂不是错过了一段本来美好的姻缘?

尽信书则无书，多阅读技巧，多看恋爱方法，这一点没错，但你要的不是教科书式的教学，你需要从中吸取经验，融会贯通，否则，完全照搬理论，最终会害了你!

六、因为买房经常吵架，我该分手吗?

来信内容:

本人女，今年27岁，公司普通职员，和男友同岁，相处一年半，在上海同居半年有余，现在正处于谈婚论嫁阶段。刚开始住在一起时感觉还不错，有时间下个厨，工作太忙的话就叫外卖一起在家吃，周末闲下来，我看看电视剧、逛逛淘宝。

到谈婚论嫁时，自然要考虑买房，他家庭条件一般，所以商量着买一套一室一厅的小户型，但后来我爸妈觉得太委屈我，以后有了孩子不方便，就添了点钱做首付，换了个大点的房子。本来我觉得没什么，但这件事后他就一直念叨，要还钱啦，不愿意我父母帮衬，仿佛触动了他的敏感神经。

昨天晚上因为一点小事吵起来，我也有点上头，向他吼“干脆你入赘我家好了，孩子以后跟我的姓”。结果矛盾彻底爆发，我各种摔东西，他不断嘶吼，简直跟绝世仇人一样。

我很想知道，我俩是否还能继续走下去呢?如果可以，那彼此之间的矛盾如何解决呢?

导师回复:

你们出现问题的根源不在房子，而在于他敏感的神经。

对方家境一般，但看得出来，他是个很要面子的人，我想，在你父母添钱给你换更大些的房子时，一定有哪些举动触动了他，只不过他一直在隐忍，当你冲动之下说出“入赘”这个词时，成了事情的导火索。

你们当然可以继续走下去，既然他想着归还，那干脆给他个期限让他还上好了，这样执拗又死要面子的男生在某些事上最好顺着他。

不过不建议百依百顺，人在大是大非的原则问题上还是要有自己的主见。

七、我逼婚闹分手，男朋友却对我不理不睬。

来信内容：

你好，老师。我和男友都来自三线城市，一直在北京打拼，就是俗称的北漂，六年了，历经艰辛，感觉终于站稳脚跟了。之前觉得经济条件只能维持在恋爱阶段，于是很少提及结婚这件事，但现在工作稳定，收入水平也提升了，我觉得是时候考虑结婚了。

可前一段时间跟他谈起这件事，男友竟然告诉我，根本没考虑过什么时候买房子，什么时候结婚。可我俩家庭条件都非常一般，让双方父母拿出那么多钱来付首付是不可能的，我的意思是先结婚，租房，然后再慢慢考虑买房的事，但他不认同。

为此我们争吵了好几天，我干脆搬出来，住在不错的同事兼闺蜜家里，然后告诉他，什么时候打算结婚，我什么时候回去，但过去快一周了，他都没联系过我，我该怎么办呢？

导师回复：

只能说你的做法过于冲动了。做事要想想后果，三思而行。

如果男生干脆说，既然问题解决不了那干脆分开吧，你有想过这些后果吗?

对待爱情可以感性，但要把“爱情”和“恋爱中的问题”区分开来，前者要感性对待，后者只有理性才是解决的方法。

你们之间的问题，就在于结婚和买房的问题，既然他觉得结婚一定要建立在买房的基础上，而你觉得一切无所谓，那么为何不用你的理念来让他认同你呢?买房是给你一个更加安稳的生活，可在你看来，内心的安稳才是真正的家——这样告诉他岂不是更好?

恋爱出现矛盾，可别这么偏激，从爱情走向婚姻，是一个不断磨合的过程，只有彼此磨去棱角，丢掉不适合对方的那一部分，彼此相拥时，才不会伤痕累累。

八、老公虽然花心，但条件很好，我该离婚吗?

来信内容：

老师，你好。我和老公结婚三年了，结婚前实在傻傻的，只看到他帅气多金，根本没多想就选择在一起，可结婚后才发现他三观有点不正，而且人品实在不行。

比如走在大街上，他会随地乱扔垃圾，我数落他没素质，但他竟然反驳道：“我要是不扔垃圾，那环卫工人岂不都失业了吗?”还有就是他很花心，前女友数不清也就算了，他还会仗着有一副好皮囊，到处跟女的玩暧昧，甚至出轨……

我很无奈，我想过离婚，可是我的孩子都快两岁了，我实在舍不得他。而且婆婆也很强势，她经常给我灌输的思想就是："哪个男人不偷吃，女人管好自己和孩子，当好家庭主妇就好了。"

我怎么会嫁给这样的人，为什么会生活在三观如此不正的家中，我该怎么办呢？

导师回复：

看重他的长相和财富，选择跟他在一起，却丝毫没关注对方的人品。看你丈夫这样的性格，再加上你婆婆的思想灌输，相信他在你们婚前也一定经常偷腥，你不会没有发现过吧？

只不过当初大概被恋爱冲昏了头脑，一叶障目，只看到了他的优秀基因，以及不错的物质条件，于是忽视了很关键的因素。

不过现在既然幡然醒悟，一切都可以补救。看得出来，他的一切都早印刻在骨子里了，这不光是后天形成的，甚至还有家庭教育因素在其中。

你的老公在这点上很难改变，两个人的价值观不在一个层次上，你无法改变他。他对你也百般看不惯，双方都很累。但因有了孩子，这也成为你离开他的最大顾虑。建议你想清楚这些问题，慎重做出决定。毕竟这关系到你和孩子的未来。

九、如何判断他是否真的爱你？

来信内容：

我和他都是留学生，我大一，他马上毕业，正在准备实习事宜。在异国他乡，黑头发黄皮肤的人，总会靠得很近，现在回想起来，大概从一见面开始，我们就彼此吸引了吧！

不过在我们恋爱之前，一直都是以"不错的朋友"这个身份相处的，怎么说呢？当初也有点暧昧的意思，不过不是很明显，前一段时间，他突然跟我很暧昧起来，暧昧到我都有点接受不了……

比如经常很温柔地称呼我的昵称，睡前聊天总要用“抱抱”的表情，一起看电影还会拉着我的手……弄得我七上八下的，心里总是小鹿乱撞，可无奈对方总不透露心扉。有一次我喝多了，实在按捺不住心情，问他到底喜不喜欢我。

我以为他的回答要么是肯定的，要么是否定的。结果呢？他说，刚刚和相处三年的国内女友分手（有了第三者），现在还备受打击，一直处在消沉阶段，不是很想马上就找女朋友。听完之后我还很心疼他，觉得这个男生好可怜，我要好好对待他。

接下来还是漫长的暧昧期，他一直给我承诺，说我毕业之后要跟我在一起，但现在还为时太早。我向恋爱经验丰富的闺蜜讲这件事，她跟我说我这是遇到把妹高手了，劝我离他远一点，可我也没吃亏啊，他到底是怎样的人呢？

导师回复：

把妹高手，一般都用这样的方式：

一、用可怜凄惨的故事来装饰自己，激起女性的圣母思想（他被前女友分手，很可怜，不大相信爱情，你愿意照顾他）；

二、善用暧昧，很会撩拨女性，但永远不主动表白（一直有暧昧的举动，比如昵称啦、拉手啦，但从未明确地表示过要跟你在一起）；

三、不想找女友（世界这么大，怎么可能不找呢）；

四、不停地给承诺，画大饼，但永远遥遥无期（许诺毕业跟你在一起）。

看完上面这些，你说他是不是把妹高手呢？

即使现在你没吃亏，但迟早有一天你会彻底掉进他的陷阱，我的建议和你的闺蜜一样，离他远点。如果你很享受这样的暧昧，那也要保留自己的底线，因为他是不会对你负责的。

十、和男友异地恋，我是否该抛下一切去投奔他？

来信内容：

我现在还有点小纠结，我今年大四，马上就要面临找工作的问题，我和男朋友谈恋爱五年了，除了第一年之外，接下来的四年，我们都是异地。在这期间我们也有过争吵，有过分手，不过最后还是复合了。

可能周围人都感觉我们感情不够坚定吧，包括他的父母也是，但自从我们复合之后，感情还是不错的，至少打消了周围人的一些质疑。后来也顺理成章地见家长，恋爱关系彻底稳定下来。现在对我来说就只有一个矛盾，是否要投奔他呢？

他已经找到工作了，国企，看起来挺稳定的，我觉得没必要刻意让他选择跟我在一个城市，也不妨我去投奔他。不过我的闺蜜劝我，不要抛弃一切地彻底投奔他，这样会显得自己太傻，没有资本和底气。

导师回复：

其实问题很简单呀！就想想，你到底爱不爱他？

假如你很爱他，愿意和他继续走下去，并且你的父母支持你们，也支持你的选择，那投奔他也没什么问题。异地这么久了，早点结束两地生活，迅速地融入同城生活，看看两人真正地生活在一起时，是否真的合适，难道不是一件好事吗？

而你闺蜜所说的话，也不是没有道理。可以换个角度想，哪怕退一万步，你们的感情无疾而终，对你来说，不过也只是再换个城市而已。现在你还年轻，还没有任何打拼基础，所以也谈不上是真的放下一切。

况且你这样的付出，怎么也会感动他吧？！

当然，假如你对你们的爱情有所质疑，或者觉得双方父母对这段爱情还没有足够的放心，那就把这个念头压一压，先找个自己喜欢的工作，日后再说。

十一、我们感情越来越平淡，该分手吗？

来信内容：

你好，老师。我和男朋友相处两年多了，最近总有一种感觉，两人之间的情感变淡了，共同话题少了，甚至彼此都有点冷漠了。

我开始产生一种无端的情绪，总觉得我们两个人的恋爱若有若无的，看别人整天在朋友圈秀恩爱，就感觉自己没有恋爱一样，像是单身。

说实在的，最近我总羡慕别的女生，觉得她们的男朋友都挺好，很幸福，但是，也有不少女生说，挺羡慕我们长久的爱情，佩服我们能一直走下去……我这是怎么了呢？

导师回复：

出现这种情绪很正常，两人接触两三年，度过了最初的激情期，慢慢地蜕变，逐渐走向缓和的平淡期。

假如你总嫌弃他，觉得他条件不好，理所应当地觉得他应该对你更好一些，这种想法其实是很危险的，尤其是在情感平淡期，就犹如经历了刺激的过山车，然后驶向平地，从不真实的感觉变得踏实，少了激情和新鲜感，毕竟生活是实实在在的日子，还是得脚踏实地呀！

这种恋爱的错觉，主要源自现在的你们已进入平淡期。不少恋人都是在这个时期分手，可两人真的不爱了吗？并不是。只不过没有梳理清彼此的关系，错误地以为两人不够甜蜜了，越来越平淡了，没有激情了，跟以前也不一样了，所以干脆分开吧！

非常遗憾，可又很难再找回了，因为只有真正地明白爱情的真谛，理解恋爱的最终去向，才知道当初做出的决定多么愚蠢，可一切都太晚了，追悔莫及。

最好的爱情，最后都变成了平淡的亲情，但正是这种平淡，才会给你一种踏实和温暖的舒适感，这才是最幸福的。

十二、他是不婚族，但我想结婚，怎么办？

来信内容：

老师，我遇到一个很合适的男生，我们同岁，身高、长相、家庭背景各方面都非常合适，本来我是奔着长期交往去的，可是他告诉我，一直在一起没问题，不过他一直都是坚定的“不婚族”，所以不会考虑结婚的。

我该怎么办呢？

导师回复：

其实我对“不婚族”这个群体的坚定性，一直是持怀疑态度的。

经常有这样的例子。

有的人在经历了失恋的沉重打击之后，觉得自己这辈子都不会再爱了，甚至发誓“此生再也不那么傻了”，可最终呢？还不是找到自己的幸福了？

回到你这个例子上，既然他愿意跟你长期发展，那自然是个好信号，毕竟这代表着他出自真心地爱着你。

他选择成为不婚族，自然有他的原因，也许是他儿时的某个经历，又或者是父母的影响……你要做的是继续和他相处下去，找到原因，设法解决，突破对方的心理防线。比如，你可以在潜意识中给他暗示，某位闺蜜结婚了，生活非常幸福之类的。

最后，祝你早日成功。

十三、复合后，我感觉自己越来越卑微

来信内容：

老师，我和他复合之后，感觉自己越来越卑微……

我和男友是大学同学，相恋四年，异地两年，其间见面不超过十次。我脾气比较急，因为异地恋，我没有安全感，经常和他说分手，删除他的微信，每次他都会加我的微信，然后就和好了，可最后一次他说分手吧，他累了。

其间我们断联了大概有一个星期，他就说想我了，让我去看他，我没去。后来过了一个星期，他说“我还爱你”，我就答应他了，分手一个月以后，我去看他了，他给我买了个手机，和我说，他没有安全感，因为我总是删除他的微信，他觉得我有什么都不能直说，他说他心太累。事后有个客户给他介绍对象，他和人家聊了三天，就拒绝人家了。当时我的心情很复杂。他说，他

准备给我送了手机就走的，结果还是选择在酒店等我。

我们在一起，他家人是知道并且同意的，分手后，他妈妈也说过我的脾气不好什么的，直接跟我说的。我当时确实挺伤心的。后来和好，他妈妈也给我打了电话，希望我们好好在一起。

复合后，我总是在怀疑他会不会还和其他女生有联系，但是他也偶尔发个自己工作的视频给我。我现在改变了，我生气了就和他直说，可是他根本不会当回事，原来的我吝啬说甜蜜的话语，现在经常对他说，关心他的生活起居，但是他说，还是和以前一样就好，劝我不要想太多。

可是我真的不知道该怎么办才好。

我们在一起，我家人非常不同意，因为我是孤儿，我家人收养了我，所以不想让我嫁那么远。再加上他是临汾人，他在太原打工，我是阳泉人，他买房贷款50万元，我现在每个月工资不到3000元。他挺努力的，每个月收入1.6万元左右，可是我家人就是担心我以后的日子会吃苦。我想奋不顾身地爱一次，我想去他的城市发展，给他打电话说了，他不同意，他让我留在这边照顾家人。可以前他特别想让我过去照顾他，我不知道他是外面有人了，还是拉我做“备胎”，我现在好迷茫。

好友都劝我早点分手吧，因为这段感情里我一直处于低位，想要突破好难。老师，你可以帮帮我吗?

导师回复：

卑微的情绪，来自于和他复合之后。复合之前的那段爱情，你是强势的，你占据着绝对的上风，于是你恃宠而骄，没有安全感，随随便便地将“分手”说出口。

但在分开一段时间之后，他退后几步，你和他之间看似近在咫尺，可又遥不可及，于是你慌乱，再加上有人跟他试图交往，而他的妈妈又不是很接受你，于是这种不安全的情绪，在一系列条件的催化下，转化成一种叫作“自卑”的情绪，使你完全处于被动情绪中。

劣势中的你很难受，地位转变势必会难以接受。但还是有好消息的，如他“送你手机”“他妈妈给你打电话”，至少说明一切都在好转，所以对你来说，最好的方法就是：不再让自己那么卑微，像他说的似的，和以前一样就好，停止胡乱猜疑。现在对你来说，最好的方法就是去找他。既然你愿意，那就证明自己，即使他并不相信你，结束异地，在一定程度上也可以缓解胡思乱想。

还有，你不是“备胎”，“甜蜜的话语，现在经常对他说，关心他的生活起居”，这难道不是一个可爱的女友的表现吗?

不要胡思乱想，勇敢去爱，你会发现没什么大不了的，只要两人幸福地在一起，没有什么能阻碍你们。

十四、对待爱说谎的男朋友，你只需要这一招

来信内容：

老师，你好，一直在关注你的情感问答栏目，每周都会读。

我属于长相乖巧的那种女孩子，最开始和男友是不错的朋友，后来慢慢走到了一起。都说异性朋友最好不要发展成恋人，但我觉得还好啊，他对我非常好，而且彼此知根知底，总比相亲认识的要好得多吧!

虽然他各方面条件都一般，但胜在彼此熟悉，在一起很踏实。可随着更深入的交往，现在我总有个困惑，那就是他总习惯

撒谎，尤其是生活中的小事。在我看来，除非一辈子都愿意埋在心底的隐私，恋人之间没必要那么多隔阂。

说两件小事吧！比如我让他戒烟，他答应得好好的，可被我发现之前烟的存货每周都会固定数量地减少，他根本不承认，只是说给好哥们儿抽了，他没动……还有几次他背着我翻看我的手机，很明显我后台应用都被打开过，可我盯着他的眼睛问他“有没有翻我手机啊”，他眼神躲躲闪闪的说没有，可很明显就是有嘛！

老师，这点现在都快成了妨碍我们继续交往下去的鸿沟了，我跟他吵过架，为这件事我还告诉他，要还这么爱撒谎，那咱们俩干脆一拍两散吧。可能我放下了狠话，起初他老老实实的，可没过多久又开始露出苗头了。

我觉得以他这么爱撒谎的性格，小事习惯撒谎，大事也会瞒着我，这难道不是一件很恐怖的事情吗？

导师回复：

小Q同学，向你问好。在回答你的问题之前，我很想问问你，有没有仔细观察过爱撒谎的孩子呢？

我爱跟小孩子在一起玩，有时会经常观察他们的性格，以此推断对方的家庭教育。有的小孩子很乖巧，做错事会主动承认，哪怕不停地哭着说对不起，也不会找借口；但有的孩子很爱撒谎，即使是做游戏时犯的一个错误，明明没人责怪他，但他偏要给自己找一大堆理由，借此证明不是他的问题。

在我们成年人看来，后者撒谎水平很低，一个眼神或说话时不自然的磕巴，早就彻彻底底把他正在撒谎的事实暴露出来了。为什么同龄的孩子，偏偏在找借口/撒谎这件事上，有着不一样的性格呢？皆源自接受教育方式的不同。

如果对孩子的家庭教育和正面指导不够重视或不够及时，会导致孩子用谎言来逃避自己的责任。

你男友爱撒谎的原因，必然有儿时这方面的因素，他早就习惯成自然，怕承担责任。

同时想想，是不是有时对他太苛刻了点呢？不让他抽烟，不让他翻看手机，这根本就是在给他施加一种高压状态啊！恋爱，本来就应当是幸福的事，为什么要弄得那么严肃呢？

想让他戒烟，是为他好，他怎么可能不明白你的心思？不让他翻看你的手机，这也是一件很正常的事。你既然表达了对他偷看你的手机的不满，他应该也会有所收敛。

关键还是在于你的表达方式上。我在想，是不是在恋爱中，你总习惯用命令的语气说话呢？比如“告诉你啊，你必须得给我把烟戒了，我邻居王大爷就是抽烟得的肺癌”，“再翻看我手机，今天晚上你就睡沙发去”……

久而久之，在他的潜意识中，就会逐渐意识到，在你的字典中“犯错”=“后果很严重”，但谁又不犯点错呢？于是哪怕有一丁点小问题，他也会费尽心思掩盖，而不是主动坦白，赢得你的谅解。

恋爱中的事，就像治水一样，不论你怎么去堵，最终收效都不大，疏通，才是最佳的解决途径。

缓和一下你的情绪吧，在恋爱中尽量少下点“命令”，换一种更温和的表达方式，用你的温柔来感动他。

运用这种方式，哪怕他之后再犯错，一想到你温柔包容的面孔，他怎么可能还会费尽心思来撒谎呢？

十五、找对象高不成低不就，我是该继续单身还是将就恋爱？

来信内容：

导师，您好，我一直在关注你的问答专栏，非常喜欢，所以一有情感问题，马上想到的就是加美爱的微信账号求助。

我是那种眼界很高的女生，在一定程度上，这跟我从事的行业有关。我是做投资咨询的，而我的岗位恰恰是巨额投资，所以接触的大部分男性都是非富即贵的那类。但我比较清高，不喜欢趋炎附势。

其实我的条件也不错，父母都是大学讲师，我是家中独女，长相和身材都偏上，从小接受的教育就不错，大学在校期间还有一年国外交换生的经历，我的口语很不错，能进入这个行业也多亏我的口语好，毕竟投资行业和国外金融接轨还是蛮多的。

追我的人不少，但我眼界一向很高，普通的男生主动搭讪，我也很少理睬，所以大部分追求者在接触我两三次后，基本上就会铩羽而归。虽然身边大部分人都以为我不缺少追求者，可实际上我的情感经历一片空白，甚至可以说，连正儿八经的暗恋都没有过。

现在的我，基本上就在这样尴尬的状态徘徊着。普通的男生我连多看两眼的兴趣都没有，但优秀的男生吧，我又不确定人家到底喜不喜欢我，我也不愿意主动。于是就一直单着。现在越来越孤独，甚至我已经开始忧虑，害怕自己一直单下去，我该怎么办呢?

导师回复：

透过你的焦虑，其实你的问题很简单，概括起来就是：自我价值和择偶的眼界不匹配，又不愿意主动吸引男生，还没有恋爱经验，不懂得两性交往技巧，但你的择偶目标只在于那些男性精英。

在你的咨询中，虽然你说你的条件很好，但我想告诉你的是：依照你的外在条件，以及当前的情商，最好的结果，也只能找到跟你匹配的男性，非平庸者，但也绝非是你平日里经常接触的那类，能散发出耀眼光芒的优秀男生，前者和后者在本质上是有差别的。

你能做的只有两点：1.让你的外在条件变得更优秀；2.提升内在的情商。

当然，在这之前，我更想告诉你的是：一定要摆正自己的心态，你能和这个社会中的优秀男性精英接触，不代表你们就是一个圈子的，即使有再多的交集，也比不上你们的价值不对等。

优秀男性的择偶目标，可不是玛丽苏小说中那类平凡得一塌糊涂的傻白甜女生，更不是坊间故事里被幸运星砸中的花瓶一样的姑娘，而是能让他更快地走向成功的女性。

没错，优秀的男生，更明白更上一层楼的道理，除了爱情，他要的是能让自己升值的女性支持。

你的外在条件不能成为让他心动的资本，那就提升你的情商吧！对于优秀男性来说，一段完美的爱情，同样是让自己走向成功的关键。对你来说，引导优秀男生追求你的捷径就是：提高情商，学习恋爱技巧，懂得如何经营爱情，同时更能成为他成功背后的那个女人。

提升自我，提高情商指数，学会经营爱情，本身就是在经营自己的人生，努力地充实自己，等到你的外在和内在都上升到足够的高度时，你一定能过上自己想要的生活，找到优秀的男生来爱你！

十六、和男友约定当“不婚族”，如今我却想结婚了

来信内容：

美爱的导师，你好。我和男友恋爱五年，两人感情很好，一年也不一定有一次吵架，周围大部分人都觉得，以我们这种相处方式，早就应该走向婚姻的殿堂了，包括我的父母，还有比较亲近的闺蜜，都经常问我：“你俩怎么还不办事呀？”

但是，我俩从来没考虑过结婚这件事，因为我们彼此都很满意当前的状态，总觉得一旦结婚，现在这种状态一定会发生变化，而且结婚意味着很多，比如责任要更多一些，生活上也必须得精打细算，最关键的是，双方父母也会参与到我们的生活中……若这种舒适感被打破，一定会产生强烈的不适感，这无疑对婚姻是一种冲击。

不过最近我有点动摇，前天我跟他在一起看综艺节目，有个曾经很火的男明星，年纪已过40岁，他和女友感情很好，彼此一路扶持。女友在他人生最高峰时在背后默默支持他，也曾在其事业最低谷时，悉心照顾病床前郁郁寡欢的他。

他俩跟我们的状态一样，一直都在恋爱的状态，觉得一切都好，没必要结婚。但在节目中，男明星突然下跪，向女友求婚，说这么多年欠她一个婚礼。女友异常感动，哽咽着说：“虽然咱们之间一直这样相处下去也挺好的，结婚只是一个形式，但其实我一直盼望着这一天……”两人紧紧相拥。

说真的，在那一刹那，我的内心被撞击到了，即使我一直很享受这种状态，但我内心深处根本不排斥结婚这件事，甚至我还是一直在憧憬着的，毕竟这对于任何女人来说，都是一生中最重要的时刻。

我眼睛亮晶晶的，他凝视着我的样子，半开玩笑地对我说："难道你也想结婚了？"我犹豫片刻，点点头，他沉默许久，没说话。

看得出来，大概他很不理解我突然的转变。但难道我这么想有问题吗？我该怎么让他接受我的想法呢？

导师回复：

你的想法当然没问题，任何人的观念都会随着时间而转变。在之前的恋爱日子里，你一直未曾考虑过婚姻这件事，也并非源自于你骨子里对结婚这件事的排斥，而是你只看到了婚姻的一个方面。

任何事情都有两面性，婚姻也不例外，于是，已经习惯了恋爱那种无拘无束的自己，很难接受婚姻带来的束缚。但实际上，你只看到了婚姻这件事带来的负担。

"比如责任要更多一些，生活上也必须得精打细算，最关键的是双方父母也会参与到我们的生活中……"

暂时挡在你眼前的，只有这些婚姻附带的生活负担，于是你很认同彼此的观念——没必要结婚，这样恋爱下去挺好的。可实际上呢？你的骨子里是向往婚姻的，否则也不会被电视上的男明星的告白而感动。

你没有任何问题，你只是终于发现了自己内心真实的想法而已，就像你说的，结婚对于任何女人来说，都是一生中最重要的事情。

而他呢？看起来是不婚族，但其实状态跟你一样，只不过脑回路比你还长不少，我对你的建议是：不要急，谁都需要一个慢慢接受的过程，你只需循序渐进，在潜意识里给他灌输结婚的想法即可。

比如，经常转发朋友圈里秀恩爱的结婚照片，多带他参加朋友的婚礼，感受一下浪漫的气氛，或者经常让他看点亲子节目，让他萌生生养孩子的想法……

相信我。看他这么爱你，只要你把一切都铺垫好，找个合适的时间，温柔地凝视着他，轻轻地在他耳边说："亲爱的，我们是时候结婚了。"

一切，都将水到渠成。

十七、男友太优秀，我很自卑，怕配不上他

来信内容：

导师你好，我今年26岁，身高162cm，体重51kg，长相自我评分五分吧，算不上漂亮，最多称得上耐看那种类型，父母都是企业普通员工。通过人介绍，刚谈的恋爱，对方条件比我好得多，比我大四岁，很帅，年纪轻轻就已经是某大型金融公司的中层领导，已在本市全款购车购房，父母都是公职人员。

他是典型的单身王老五，至今我还不大相信能和他走到一起，毕竟按照他的条件，找个七分以上的美女完全没问题。他跟我说，之前有过一段刻骨铭心的恋爱，当然也被伤得很厉害，有挺长一段时间没谈恋爱，打算谈一个长久的恋爱，直接奔向婚姻，于是跟介绍人提的要求就是"稳定""靠谱""无需多漂亮"……

我算是幸运还是不幸呢？能找到这样的男生，的确很幸运，他也很宠我，有时都觉得他完全是在养女儿，快惯坏我了。但大部分时间静下心来，我总觉得自己是高攀了，而且有时吵起架

来，我的脾气一点就爆炸，为这点他也提出过好几次分手。但不吵架时我还是很温柔的，可能就是这个原因，他说分手才没那么决绝。

有时会觉得很幸福，但一想到高攀，我就有点压抑，闺蜜们都说高攀的爱情，即使走向婚姻，最终下场也都不好，所以都在劝我找个条件差不多的过日子。老师，难道真的该如此吗?

导师回复：

你好。关于你闺蜜们劝阻的观点，我能猜出个一二……

她们所说的高攀，第一种是典型的“无能女”+“多金强势男”的组合，属于完全依赖男性的类型，很明显，这种婚姻是名存实亡的，因为习惯了这种依赖，女方只有不断地迎合男方的各种婚前和婚后要求，才能保证这段关系的继续。外人看起来很羡慕，可真正的苦涩只有自己心里知道。

第二种呢，就是那种明显自卑占据上风，在遇到明显很优秀的男性时，低估自己，总觉得自己低人一头，于是把这种关系看成高攀，但实际上并非如此。

很明显，你是第二种。对于你这种类型的女孩，我一直很坚信这个观念：爱情没有高攀，只有合不合适。

没错，即使他看起来比你更优秀，但既然你们能走到一起，他也很宠你，那么就说明在一定程度上，这段恋爱是你“可驾驭的”，毕竟能让这么优秀的男性心甘情愿地爱着你，你也是很有本事的。

恋爱没有高攀，只有合不合适，你们很合适，那就不需高攀，你们很适合走下去；但若你们双方都觉得不合适，且彼此都心知肚明这段关系只不过是“供养”和“接纳”的关系，那就代表两人不合适。

很明显，你们的状态是前者。不过依照你的情况，很可能会逐渐转化成后者，原因在于：你的自卑情绪一直环绕在这段关系中。

想稳固这段关系，我建议：一是增加自信心，不要总想自己高攀，你也有优秀之处；二是保持独立自主，工作上独立，经济上尽量少依靠他，当然了，这也同样是让你提升自信心的方法。

十八、男友对前任很愧疚，我该怎么办？

来信内容：

老师，每天都在关注你的来信专栏，现在有个问题想请教您。通过牵线人的介绍，我和男朋友相处了半年，彼此觉得都不错，双方家长也很满意，于是打算下个月领证，明年年初结婚。

但最近在交流中，男朋友向我坦诚，他之前有一任相处了四年之久的女友，两人已经到了谈婚论嫁的地步，但由于女友有先天性疾病，他的父母考虑到对孩子有遗传可能性，强烈反对，最终只能分手。在跟我坦白时，他表示自己对前任很愧疚，同时也给我打预防针，说毕竟是四年的恋情，不会彻底忘掉，希望我能理解，但永远不会做出愧对我的事。

他说得很有诚意，但我还是没多少安全感，跟他大吵一架，很担心这件事会影响我们的婚姻。老师，你说我该不该完全信任他呢？

导师回复：

看得出来，你的男朋友很有情义，这点是非常难得的。

1.未对你隐瞒，婚前主动对你坦承之前的恋情。

2.即使不是自己的责任，但也能意识到愧对前任。要知道，他们两人毕竟不是因为“不合适”而选择分手，再狠心的男生也不会彻底忘掉曾经的恋人。

3.向你做出婚前保证。

我很明白你的担忧，你害怕他们旧情复燃，但在我看来基本上是不可能的，既然他选择你，并与你坦诚相待，那自然代表已经接受“旧情已去”的事实。一个有情义的男性，对前任心怀愧疚，很难想象他还会再做出愧对你的事，让这种沉甸甸的压力倍增。

你的做法不大妥当，没必要跟他吵架，哪怕很吃醋，但也没必要表现得这么过激。你完全可以温和处理，大大方方地告诉他：“没想到你之前有这样的经历，我一时有点接受不了，所以才跟你吵的，其实冷静下来才发现原来你这么专情，看来我的选择没有错，我相信你会对我一辈子好的。”

你看，这样一来，他怎么会不死心塌地地对待如此温柔善解人意的你呢？

十九、完美爱情的背后，真的完美吗？

来信内容：

美爱的导师，你好。我是一个很执着的女性，执着地追求完美生活，同时，更想着能拥有完美的爱情，但现实好像并不是我想象的那个样子。

我有过两段恋爱，第一段恋情不提也罢，当初年纪太小，根本不清楚自己想要什么样的爱情，只是觉得对方不错，就选择在一起，可没过一个月，发现两人格格不入，仓促之间选择分手。

第二段恋爱，也就是现在的这段感情，起于年前春天，到现在已两年多，我们能走到一起完全是个意外，也算是段缘分。那时还单身的我，习惯周末到一家中式餐厅吃剁椒鱼头，伴着白面条，辣得汗水直流。虽然是一个人，但完全不用顾忌形象，也很畅快。但那家餐馆人多，采取叫号制度，连续三个周日中午时分，我排到的座位号码都是K03，第三次很诧异地走到同样的座位，看到同样的人在隔壁的K02，我们相逢一笑……

我们同岁，都刚刚参加工作，有很多共同话题。缘分让我们走到一起，我很天真地觉得这一定是我想要的完美恋爱，但并非如此。

说真的，其实他很温暖，读书很多，见识广，骨子里都是儒雅的作风，在家里我的状态常常是趴在床边刷微博、逛淘宝，而他则是在一旁静静地读书，偶尔抬起头来，对我笑笑，很温暖。他对我真的好，舍得给我花钱，愿意把时间花费在陪我逛街上。有一次我重感冒，他两个晚上没合眼，一直在帮我敷毛巾降温……

但可能是性格还是有点差距吧，我觉得一切还是没那么完美。我们会时不时地吵架，甚至还有过一次冷战，他的前任也找过他一次，弄得我一点安全感都没有了。还有就是他总数落我偏执，每次都会因为这个话题弄得不愉快。再有就是在谈婚论嫁这件事上，他很着急，说家里催得紧，于是总催我，但说真的，我还没有这个想法呢。

相处这么久，在一起感情很深，但我骨子里还是很倔强的，想追求完美的感情，但我内心又隐隐觉得这并不是我想要的完美，毕竟还有很多瑕疵。老师，你说我该怎么办呢？是不是要继续追求想要的完美呢？

导师回复：

亲爱的，你想想这个世界上真的有完美的爱情吗？不少人都会说这是个伪命题，但依我看，这个问题是存在答案的——有，肯定有。

学生想让自己成绩更好，那么一定要找个学霸的标杆做榜样；企业想做大，当然要主动去优秀成熟的企业学习管理方式。而你呢？追求完美的爱情，肯定也会有经典而又完美的爱情桥段做内心支撑吧？！

比如朱丽叶和罗密欧的爱情？

嗯，非常完美，轰轰烈烈。

梁山伯和祝英台的恋情也很让人感动吧？

当然如此。

还有呢？比如金庸笔下的郭靖和黄蓉，始于缘分，分外地黏人，让多少读者羡慕！

天作之合，卿卿我我，比翼双飞，携手终老，即使有波折，但也是外部矛盾，两人之间性格完全契合，根本没有波澜……这种爱情模式，一定就是你想象中的完美爱情吧？

可难道他们之间就没有过争吵吗？在他们之间就不存在摩擦吗？或者意见不一致的地方？

朱丽叶和罗密欧也会有意见相左时，梁山伯和祝英台也存在观念上的差异，而郭靖和黄蓉呢，也会因为误会，彼此产生隔阂，甚至在一段时间内互不理睬。

你可以说这个世间存在完美的爱情，你也可以说不存在，因为这个话题的确没有衡量标准。完美是什么？是你理解的毫无瑕疵吗？

一张白纸上一个黑点，你看到的只是一个黑点，却忽视了那么大一片空白……只能说你对待任何事都不是很乐观。这个男生对你很好，你也承认，但你在乎的却是对方的一丁点缺点，甚至是很容易调和的小毛病、小问题……恋爱怎么可能不存在瑕疵呢？但任何时候都是瑕不掩瑜啊！

恋爱很容易得到，但真正的爱情是奢侈品，大部分情感浓度都会随着时间延长而下降，谁的恋爱激情都不会一直持续在高温中。抛开这些不管，能够平平淡淡走到一起的恋爱太少了，很多爱情只能用心经营，才能换来彼此睡前的拥抱。

而你们这种状态，不知道多少情侣会羡慕！抛开那些小烦恼吧，放空自我，没必要那么偏执，更不要对他那么苛责，把标准放低一点，你会发现——原来，你现在的爱情就是完美的！

二十、恋爱中，我的独立和懂事难道错了吗？

来信内容：

老师，你好。

我一直很相信女生要独立这个观点，刚一上大学，除了学费外我就不再向家里伸手要钱，自己找机会赚生活费。在恋爱上我也如此，之前读过不少文章，基本上都会提到“恋爱中的姑娘要独立，这样才能驾驭爱情，而不至于陷入被动”，我很相信这个道理，所以恋爱过程中，很少给对方添麻烦，大部分问题都自己解决。

大部分时间，因为我的独立，他总会夸我，说我跟一般的女生不一样，很有想法，也很有魅力。我也很得意，一直坚信自己是对的。但最近几件事让我开始有点动摇，所以特地前来咨询。

第一件事，是前一段时间，我们宿舍的灯泡坏了，宿管又迟迟不派维修员，大部分姑娘这时都会找男友吧，但我觉得没必要麻烦他，就干脆跑着借工具，蹬着梯子，自己把灯泡换了。事后跟他提起这件事，他不仅没有夸我，还数落我怎么不注意安全，为什么不叫他……

最近还因为一件事，我们闹得有点僵。我过生日前几天，他一直在念叨着要好好陪我过，但考虑到最近他正在准备结课考试，我很怕给他添麻烦，耽误他的课业，于是我提前把饭店订好，准备好蛋糕，结果他当日闷闷不乐，说我没能给他机会。

我觉得我挺懂事的啊，根本不让他费心，也不会麻烦到他，难道我的独立还有错吗？

导师回复：

你好，独立和懂事，是一个女生身上难能可贵的品质，拥有这两样的姑娘，一定会格外受到男性的青睐。但任何事都有个度。而你的问题在于：你很独立，你很懂事，从不愿意给男朋友添麻烦，但你的情商指数不高。

生活中独立的姑娘，就像是一朵寒风中独放的花，格外引人注目，更会受到周围人一致的好评，毕竟这类不给人添麻烦的姑娘，接触起来会让人无比舒心。

但这是恋爱啊！恋爱是极其讲究存在感和成就感的一件事，就好比一份工作，上级安排给你一件非常棘手，有技术难题，更需要你组织协调，在各个环节不停沟通的工作，看起来一筹莫展，根本无从下手的事，可一旦把事办得漂漂亮亮，除了获得上级的认可，你也会产生一种充盈着全身的成就感。

恋爱也是如此，你男朋友的内心中，一定也渴望着“存在感”和“被认同的成就感”，而能让他时刻充盈，一直拥有这样自信心的，就是成为你生命中的协助者。

我想你一定是这样的姑娘吧：

他陪你逛超市，你购置大包小包的生活用品和零食，他说“我来拿，我来拿”，你一定会说“没事，我行的，本来就都是我的，就应该我来拎的”，于是霸气侧漏拎着、揣着一堆袋子，而他呢，尴尬地在一旁陪你走着，两手空空，根本不敢看对面的人群中迎来的那种质疑他的眼神。

提前把饭店地址选好，生日礼物都选好，结果你说你准备好一切，看着他的礼物还很懂事地说“太贵啦，没必要花那么多的钱”……而他呢，可能更会有一种落寞感吧！想了那么多惊喜和可能，可最终就像是准备了很久的烟花，被倾盆大雨浇灭。

可能正在读这篇文章的女生，恋爱时多多少少都会有这样的感觉：我如果跟他提这样的要求，是不是有点过分啊？会不会让他觉得我很麻烦呢？

有些会，有些不会。

比如周末休息，你一直在旁边躺着，却非要一会儿指使他倒杯水，一会儿又嚷嚷着要吃一瓣一瓣的苹果，男友片刻不得闲，一头大汗还得一直顾及着你；再比如，外面倾盆大雨，你却突然馋虫附体，一定要吃隔着三条街那家的炒栗子，非要让他冒着雨去给你买……

这样是真的不懂事，也一定会让他觉得你在添麻烦，进而越来越抵触你们之间的相处模式。

但是像他提出来的，愿意给你策划准备生日，帮你修灯泡，或者帮你搬家，主动做一切他力所能及的事时，真的不用那么倔强。我知道你很独立，你很懂事，你也可以自己完成，更怕给他带来麻烦，但其实这些都出自他的意愿，他已经琢磨很久，摩拳擦掌，想着在你面前一展拳脚，把事办得漂漂亮亮。当然了，他更期待着能迎来你的赞扬和温柔的拥抱。

那种存在感和成就感，是其他的事超越不了的。

真的没必要过分地表现独立，爱情是两个人的事，一个人永远算不上恋爱。正在爱情中徜徉的你，也学会在他面前示弱，时不时撒撒娇吧！基于他的意愿，多给男朋友一些表现的机会，这样他会更爱你的！

二十一、想尽快结束争吵？这招最管用

来信内容：

老师，你好。经常看你的问答，所以有问题第一时间就是来向你咨询。情况是这样的，我和他在一起将近一年，通过中间人介绍，两人的想法就是早点结婚，所以我们现在已经订了婚，打算近期领证，然后再看双方父母的意见办事。

我长相身材尚可，他是比较帅的那种，之前的情感经历很丰富，但跟我在一起之后还算稳重，没沾惹过花花草草，他的意思是恋爱累了，就想找个踏实的人过日子。我的家庭条件比他好一些，从小也是娇生惯养，所以脾气挺大的，大部分时间他都能让着我，但可能有时我真的很无理取闹吧，所以他也会忍不住向我大吼。

昨天晚上睡觉前，我趁着他洗漱翻看他手机，结果被他抓到，问我：“为什么，是不是不相信我？”我当时还挺生气呢，直接说：“我就是有翻看的权力，你有疑心才会反应这么过激！”然后就是一番争吵，我一晚上都没睡着。

今天早上，我本以为他会忘掉这些，可还是一副冷冰冰的样

子，根本不理我。我也很无奈，总想尽量减少争吵，但总忍不住，又想早点结束争吵，可又实在拉不下面子，我该怎么办呢?

导师回复：

通过你的来信也能看出来，翻看对方手机这只是吵架的一个起因，之前微信里回答过很多次类似的话题，所以就不在这些表面话题上做解答，我更想帮你在源头上解决问题。

1.想减少争吵，但又忍不住

说得简单点，就是“遏制住吵架的频率”。这主要在你，其实你也意识到了，你说自己“脾气大”“忍不住吵架”，除了性格的原因，在两性关系中，你恃宠而骄的缘故，在于“对爱情的透支”。

恋爱也是有限额的，对方的底线同样如此。你每一次忍不住争吵，本质上都是一种无形的消费，只不过你没意识到，假如你一直按捺不住，最终势必会突破底线，彻底透支恋爱额度。所以我的建议是：不要太过分地试探对方的底线，适当地控制住自己的情绪。这样好了，每次能忍住，就给自己一个奖励，比如说放在淘宝购物车里一直想买但没舍得买的衣服，或者吃一顿大餐……对自己引入激励机制，能够很轻松地做出改变。

2.想早点结束争吵

一争吵就上头，一上头就习惯冷战，对吗？内心想早点结束，但偏偏谁都拉不下面子，那该怎么办呢?

谁规定的吵架就得分出个谁对谁错啊？谁说的只有低头认错才能结束吵架呢？本质上你的想法就不对。想早点结束吵架，很简单啊，没必要低头，一吵架，就向他撒娇好了：“哎呀，你快来哄哄我嘛!”

百试百灵，相信我。

二十二、我倒追的男朋友，特别害怕他不珍惜

来信内容：

导师，您好。我和男友交往三个月，在这段时间内，也不知道是迫害妄想症作祟，还是事实就是如此，每天都在担心他会离开我，稍有争吵，我都会觉得天塌下来一样，他一定会跟我分手……有这种想法的缘故，是因为我倒追的他，他条件比我好太多，长相六分，但我最多三四分，学历比我高，家庭条件也好，我在倒追期间受了不少委屈，但最终结果还是很让人满意。

不管看恋爱类的文章，还是听周围的闺蜜谈话，都或多或少地提到过在倒追这件事上，女生是很吃亏的，一主动就输了，之后的交往也很难挺直腰杆，男生即使答应，也不会太珍惜。我该怎么做，才能最大限度地消除倒追这件事带来的负面影响呢？

导师回复：

的确，倒追这件事，轻易不要做。我提示过很多次，没必要倒追，即使他对你好感度不大，但完全可以循序渐进地诱导，用各种技巧来让他对你产生好感，直到他主动向你表白，反过来追你。

但已成既定事实，而你一直又在忧虑中度过，担心这个男生对你不好，那这样好了：你完全可以向他这么解释，慢慢地给他灌输思想，让他觉得没有你的倒追，就不会有你们现在这么幸福的生活，比如：

“之前我也犹豫过是否要追你，但只要一想到如果我不主动

出手，那我一定会后悔终生。每一次跟你说话，我都觉得不好意思，但没想到我这么幸运，能成为你的女友……”

“我知道这样不好，但如果再有一次机会，我还是会追求你的，因为比起倒追这件事，我更在意的是不能和你在一起……”

表现得深情一点，只要他心中怀揣着对你的爱意，怎么会不把你紧紧拥在怀里呢？至于倒追这件事，届时都忘掉吧，不会对你们再有影响了！

二十三、男友的前任女友一直纠缠他，我该怎么办？

来信内容：

刚和男友相处一周，但短短一周时间，就感觉好像度过了一生，享受了各种幸福，这感觉真是太棒了！但昨天晚上的一件事，让我觉得非常棘手。昨天吃完饭，我俩一起回学校，走到学校门口时，他的前任女友过来找他，还寻死觅活的，求着和他和好，甚至还当着我的面，说他们之间一件又一件的事，告诉我他们曾经那么幸福，求我不要介入……

我之前没谈过恋爱，哪遇到过这样的事，自然不会处理，当时就傻站在那里，头脑一片空白，都忘记自己是怎么回的宿舍了。第二天，男友来找我，说他和前任女友在一起两年，刚分手也就一个月的时间，看到她那样，他也很痛苦，但他保证不会跟我分手……

我很担心他的前任女友有更过激的行为，也不愿意让男友一直这么痛苦下去，也有点担心自己的爱情会受到影响，我该怎么办呢？

导师回复：

面对前任女友的纠缠，大部分男生都很难处理，更别说在他们之间，一定有过挺长一段时间的爱情。你的担心是很正常的，他们刚分开不久，你们之间才恋爱，而你的男友表现得又没那么决绝，对你只是“做出保证”，又怎么能给你带来安全感呢？

想留住你的男友，最好的方式就是，告诉他你很信任他，表现出你的懂事和宽容，他的心自然就会更倾向于你，越表现得淋漓尽致，越能让他表现得更愧疚。

当然，任何事都要有度，你的宽容是一方面，但你也得结合结果来看，若他在这件事上一直拖拖拉拉，迟迟做不出决定，那就告诉他：“亲爱的，你很难处理，我也很理解，但这样拖着，对咱们三个人都不是好事，若这件事发生在我身上，你会怎么想呢，你也肯定不愿意让我离开吧？我更希望早点把这件事处理掉，然后彻底忘掉，你说呢？”

对了，对待男友前任女友这件事上，即使你再怎么激动，也千万不能无理取闹。你越闹，越跟他吵架，他越会排斥你，这对你非常不利，所以，在这件事上，一定要充分展示出你的宽容和睿智。

二十四、他用下跪和自杀挽回，我该答应吗？

来信内容：

老师，您好。现在这段感情弄得我很累，一直疲于应付。是这样的，我俩是高中同学，中学时代没多少交流，现在大二，在同一个城市上学，他突然开始联系我，追求我，但我对他没多少感觉，不过在他死缠烂打下还是接受了。我们俩学校的距离跨越半个城市，坐公交一个多小时，谈恋爱期间，我很少找他，一般都是他主动找我，一周见面一到两次，但我对他还是找不到恋爱的心动感，牵手、亲吻，内心都找不到那种感觉，甚至有时还有点抵触。

他的家庭条件不好，但谈恋爱期间总会找各种方法送我礼物，只不过有时脾气比较急，一吵架就骂人。有一次我们在街上吵起来，他根本不顾忌我，推搡我，我去追他，他向我摔书包，差点动手。我说分手吧，但他冷静下来，哭着求我不要，还单膝下跪，说我要是不理他，不跟他在一起，那他的人生就没有意义了，干脆就去自杀。

我很无奈，只能答应他不分手，但我好累啊，感觉一直在应付他，我是否还要继续这段感情呢?

导师回复：

你看你的描述“很累”“疲于应付”“找不到恋爱的心动感”“一直在应付”……这些词语，字里行间都在透露一个信号：你根本不爱他。但是呢？他死缠烂打，你选择接受，可性格处不来，因此开始吵架，动手，你提出分手，但他又下跪恳求原谅，用自杀来胁迫你。

你们的感情完全是在“你的心软”和“他的死缠烂打”中苦苦支撑，这段感情就好比没有打实地基的高楼大厦，看似华丽，根本就是豆腐渣工程，风一吹就倒！而且经过你勉强答应的恋情，就好比大病初愈，即使看起来健康了，但实际上病根还在，只不过没外显，即使你选择视而不见，但有了这些心理阴影，也很难恢复健康了。

一段正常的、健康的恋情，建立在彼此平等、互有好感的基础上。在这里也劝告各位姑娘，对他没感觉就是没感觉，对方再怎么死缠烂打，也要坚守自己的底线，否则最终只会两败俱伤。

二十五、女生相亲有哪些注意点?

来信内容：

老师，你好。这次过年回家，父母一直安排我相亲。之前我还挺排斥这件事的，但现在想想，也一直没遇到合适的男生，也许相亲还能给自己创造点机会，索性认同，但我在这方面没经验，所以想咨询一下，相亲要注意点什么？

导师回复：

其实相亲这种方式，遇到心仪的另一半的概率还是很大的。一是对方已经通过介绍人的筛选，至少在各个外在层面和你还是比较合适的。你相亲所关注的，其实就是“性格是否相投”和“对他的感觉”，而且你们都是以结婚为目的的，所以并不难找到合适的伴侣。

但这一切的前提是——准确地评估自己。

有的姑娘相亲三五次，甚至只有一次，就找到了合适的伴侣；但有的姑娘总在抱怨，怎么遇到的男生个个是奇葩？

在相亲之前，首先你要做的是思想上的准备：做好自我定位。明白你属于哪类人，你能在这个层面找到最优秀的男生是哪类的，当然，同时也要定好接受范围的底线，这就是你可以接纳相亲对象的区间，在区间之外的，建议不要考虑，浪费时间又浪费感情。

接下来你要准备的工作就很简单了：挑选最适合你的服装搭

配，最好找两位闺蜜帮你参考参考，化个自然一点的淡妆，提前找好话题，保持优雅，不要在谈吐方面丢分，还有，带上你的微笑，这是你最强大的武器！

二十六、没有和他继续下去，你真的挺幸运的

来信内容：

老师，您好。我关注美爱和您的文章很久了。

我与前男友今年1月分手，是他提出的，他说他不爱我了。因为我出于工作的原因在外地待了几个月，他一直叫我回去好好过日子，无奈我身不由己，说好的回去却又被临时安排工作。当我回去后，第二天打算给他惊喜，告诉他："我已经回来了，咱们好好过日子吧！"不料他说受不了了，说已经在我出去的这段时间，试着把我放下了，准备随便找个人过日子结婚。

起初几天他还都好言好语跟我谈，直到一周后，得知他已经把相亲对象带回家见过家长，让我痛不欲生。他叫我别再联系他了，我什么好话都说尽了，直到他烦我拉黑我，电话屏蔽我，他说他已找到想要的那个人了，虽然什么都不如我，只是比我踏实能过日子。

后来的一个月我发现我怀孕了，我想尽办法联系他，把检测报告发给他，他就说我是在骗他，实在无奈之下，他说要双方家长见面，真的有了他也认。他还跟他现女友说了此事，又把他们的聊天记录内容截图发给我，他现女友说："要去检查就去，不要再理她，要打要生是她的事，大不了生下我们多个孩子。"他回复她说："都听你的。"

我万念俱灰，他还跟我说"就算我不跟现女友在一起，也不

会和你在一起了”，让我死了这条心。我被我家人，还有他和他的现女友逼疯了，不得不去做流产手术。他问都不问，还话里有话地说我在演戏。我叫他出来见面，他不回我，现在完全断了联系。

我实在放不下我们一起这么久的感情，为了他，我还推掉了高薪的工作。术后，医生告诉我说，可能以后怀孕的概率渺茫。我在这场恋爱中付出的代价太大了……

这两个多月我也尝试过放下，我试过了，做不到，前两天他一个手机小号解除了对我的设置，我尝试过跟他打招呼，他说：“其实我们已经走到这步，你干吗跟我说对不起，你是受害者，是我变得太快了，才跟你分手没多久就又耍朋友了，你应该重新好好地过日子，未来的路还长……”

老师，我不知道怎么办，什么都失去了，到现在每每想到他与现女友你侬我侬的样子，一阵难过，我该怎么办啊？

导师回复：

你的遭遇非常不幸，但庆幸的是，你没有和他继续纠缠下去。

先看看你的情况吧。

1.你们是异地恋，他提出分手，他宁可随便爱上个稳定的人，哪怕各方面都不如你，也不愿意再跟你在一起。

（这么快能将你放下，又有新欢，难道你真的天真地以为是距离的原因？这段爱就那么不值得他等几个月？男人爱你，只有一个理由，可若他不再爱你，口中便会有千百种理由。）

2.你觉得一切都是距离的缘故，于是你打破异地的隔膜，打算挽回，发现他已有新欢。

（这也印证一切并非距离的原因）

3.你好话说尽，死缠烂打，用尽各种方式，可换来的结果却是他的反目。

4.你发现怀有身孕，想拿这个当作谈判资本，可他根本不在乎，甚至还很坦然地把一切告诉他的现女友，现女友说出那么不堪入耳的话，他也说你在演戏。

（挽回最忌讳的就是放低姿态，姿态越低，他越会觉得这段爱情廉价，到最后，甚至只把这段爱当成地上的一分钱，懒得弯腰伸手去捡了。）

5.“其实我们已经走到这步，你干吗跟我说对不起，你是受害者，是我变得太快了，才跟你分手没多久就又耍朋友了，你应该重新好好地过日子，未来的路还长……”

两个月之后，你加他的小号，他跟你说这一切，很平淡，甚至坦言自己找新欢太快。看到这样的话，是不是感觉他不像之前那么绝情，至少很理解你，这让你心中复合的苗头又燃起来了？恰恰相反，他只不过是回忆一下，意识到自己的问题，又看到你不吃强硬的一套，于是好生相劝。

他说出这样的话，只代表一件事：你已成为了他的回忆，于是他对你只有愧疚，可丝毫也不会做减少愧疚的举动。男人再渣，也会偶尔反省，回忆起有个姑娘，自己曾伤害过她，于是说出这样的话，太正常不过了。

但一切真的已挽回不了了。在刚回家期间，你还有机会，毕竟那时他和现女友情感还没那么牢固，本来他对你还有一丝愧疚，可你偏偏选择“死缠烂打”——这是男人对待前任女友最反感的举动。他爱你时，你的一切都是美好的，不爱你了，你越贴近越会让他觉得廉价，更心生反感。于是一个月之后，哪怕你拿出挽回的底牌——怀孕，他也不闻不问，只是毫无羞耻地向现任女友汇报，并唯唯诺诺地说都听她的。

况且即使你能挽回一切，又有什么意义呢？你们还能回到过去吗？你还能安心地依偎在他的怀里？在他身边还有安全感吗？

感情破裂过一次，还会再破裂第二次，不适合就是不适合，世间没有勉强的爱情。

你放不下，我很理解，你是用情很深的人，哪怕被他伤害得遍体鳞伤，还念念不忘，甚至还认为自己也有错。但事实证明，他终究不是你的，遇到一段不适合自己的恋情，偏执地抱着回忆不撒手，对你又有什么好处呢？

痛苦只是一时的，是短暂的几个月，不要把这个痛苦放大到你的整个人生，总有一天正在享受甜蜜恋爱的你，回想起这件事时也会发觉，自己那时有多“傻”！

出去转转吧，放松心情，减少在这件事上的伤痛，帮助自己快点走出来。

你的遭遇非常不幸，但有个这么垃圾的前任男友，又不得不说你非常幸运。庆幸一切都发生在结婚之前，筛选掉一枚渣男，避免一场婚姻悲剧，这到底是悲惨遭遇，还是你的幸运呢？

短期来看，伤痛欲绝，长期来看呢，我想你也有自己的答案了吧？

最后送给你一句话，我一直很喜欢：过去最大的意义，就是让自己不想再回到过去，向前看吧！

二十七、领证前发现他隐瞒婚史，这样的男人值得托付吗？

来信内容：

老师，你好。我遇到些问题，不知道是否还要继续这样一段情感。

我今年28岁，男朋友比我大七岁。我们有很多共同的兴趣爱好，男朋友也很能迁就我。我们在一起三个月，在双方父母的催婚下，我们决定结婚，毕竟年纪也不小了。接下来的六个月，我们把婚礼日子定好了，前期筹备工作也做好了90%，准备去领结婚证的前一天，他的妈妈才告诉我，他在四年前有过一段半年的婚史。男朋友跟他前妻在父母的反对下，偷偷去领了结婚证（当时他31岁）……

这样不真诚的人，还可以牵手一生吗?

回复内容：

你男友在交往期，向你隐瞒婚史确实有错在先，但其原因和心态，可以做个分析:

1.他年纪比你大，而你青春正当年，只要你愿意，肯定不缺男生示好，这本身就是他的劣势。

2.在他追求你的期间，他会有意隐瞒自己的缺点，尽可能地表现出好的一面。假如他在交往初期直接表明曾有过婚史，你还会选择和他交往吗？至少会很犹豫吧？！那么一切结果可能和现在会完全不同，所以他的心态是既自卑又带着侥幸心理。

隐瞒婚史的心理=自卑+侥幸。就如同小时候考试成绩很糟糕，不想告诉家长，可整天胆战心惊的，但其实纸是包不住火的，老师还是会找家长签字的对吧?

其实我想说的是：最终决定权还是在你手里。

在一起的目的就是开心，选择结婚，就是嫁给你所期盼的人——这个人对你的态度，做事风格，以及人品。你要是很爱他，觉得即使有过婚史也无妨，只要他对你好就行，那就干脆忽视掉这件事。一直惦记着，反倒会影响你们之间的感情。

当然了，你要是非常介意，觉得即便他一开始向你坦白，你也不会选择他，而且即使现在是领证前一天，一切都已准备就绪，可还是放不下心来和他在一起，甚至已经彻底把他看作是不真诚、人品有问题的男性，那我想告诉你的是，属于你的爱情还没有降临。

还有一点，至少他的父母人品还是不错的，没联合起来准备隐瞒到底。

我知道你非常慌，但我想说的是心里不要乱，很多事往往都是在最后关头做出决策的。最后，不论你做出什么样的选择，都希望你永远不后悔，祝好！

二十八、和我在一起从不公开，分手后前男友却频频秀恩爱

来信内容：

老师，您好。我知道歇斯底里没用，知道放不下是软弱无能的表现。可是我就是控制不住自己的心。原本已经平静了许多，但是看到前男友一下子在朋友圈晒起了现任女友的照片时，我的心都要碎了！我们在一起时，他说他不喜欢秀恩爱，只要彼此心里有对方就好了，那些东西都是不自信的人做给外人看的。当时听他这样说我觉得还很幸福。

但是最近在他的朋友圈中经常出现他女朋友的照片，他们到很多地方旅行，女孩抱着花露出幸福的样子，他会说一些曾经不屑说的酸酸的话。我真的要崩溃了，那个女孩和我的外表没有多大的差别，她家里的条件比我好一些，爸妈是做生意的。我是普通的公务员家庭。但是这个女孩的名声却不怎么好，之前他是很不喜欢这种人的，他有处女情结。特别想知道他为什么会有这种

转变？我到底该怎么做？

导师回复：

你该怎么做？你不要去管它就好了。他爱什么样的，和你一点关系都没有。既然都与你无关，他爱对谁好就对谁好吧！

你也说过自己的外表不错，家境小康，家风优良。干吗还执着于这个不值得的人呢？你完全可以找一个一心一意对待你的人，过舒心的日子。不要看着他们在那里秀着恩爱，华丽的感情外表下埋伏着怎样的漩涡你永远也不会知道。把时间放在自己的身上，要避开盲目选择，你需要尝试一段全新的感情。

二十九、暧昧期，他不太主动联系我

来信内容：

我和一个男生接触了三个月，其间我一直想确定我们的关系，奈何这个男生打得一手好太极，四两拨千斤。我该说的都说了，就差倒追了，但他还是不表态，这可怎么办？

导师回复：

鉴于你提供的关于你们两人的情况比较少，我也不好针对性地谈，但我可以提供一个学员的例子，帮你打开思路，助你突破瓶颈。

一位学员A，是和现在的男友在聚餐时认识的，当时学员是单身，对方有女朋友，她默默关注了男人几个月，发现他和女友分手后，暗道好机会来了，于是主动联系，放下身段约他，可男人总以“刚分手不想恋爱”“打击很大，觉得自己不会处理感情”

为由拒绝，可这个男人偏偏还玩暧昧，时不时撩拨一下，学员很受打击。

于是我提出建议：以退为进，你主动时，他不主动，还往后退，那干脆你也后退，给自己放个长假，出去旅游，每天都晒照片（保证他看到你），但又不主动联系他，即使男人主动跟你聊天，也简单冷淡地回复几句，表现出不冷不热的样子，以退为进，让他的情绪随着你变化。

果不其然，她旅行回来之后，男神主动说“有点想你”，发起了邀约，而她却委婉拒绝，说：“我喜欢你，但这趟旅行下来，我仔细想了想，可能你没那么喜欢我吧，我想这样一直拖下去，对你我都不好……”

主动让关系在可控范围僵化，他只要对你有感觉，一定会主动让关系明朗的，这就是以退为进的方法。

当然，这一切都建立在你们有一定感情基础之上。若你们之间没有感情，都是你一厢情愿，这样操作势必会让感情淡化！切记切记！

三十、感情淡了，想离婚又怕后悔，该怎么办？

客户咨询：

前几天来了位咨询婚姻状况的女士，刚一见面就开门见山：“老师，我和丈夫感情很平淡了，我想和丈夫离婚，怎么办？”

导师回复：

虽说在当前，人们对离过婚的女性已能用平常心去看待，但对于主动提出离婚的女性，还是有些异样的声音存在。如果在婚姻中谁都不愿意做出努力，总会有勇敢的女性在面对没有爱的婚姻时，不愿一味地委曲求全，而是勇于打破婚姻的枷锁，敢于重新寻找属于自己的爱情，这样的女性的行为是为自己负责。

但这其中也有不少不稳定的因素，更存在一定的主观片面因素。所以当你出现这个想法时，别着急，先参考下文，对照自己的情况，再做出最终决定也不迟。

Part 1：判断是真离婚还是假离婚

看到这里，我相信你一定很想问："老师，难道我想离婚还是假的？我是经过深思熟虑的，不可能是假离婚！"

但不得不承认，这个可能性还是存在的。在我接待的众多女性朋友中，有不少确实是由于自身的一时冲动，再加上婚姻中遇到些许挫折，于是想到离婚，这样的女性多数是刚结婚不久，发现婚姻并非如自己所想的那么完美和顺利。

这就和一个大学毕业生刚进入职场一样，工作前想的是和睦的同事关系，和谐的办公室友谊，温和耐心的上司，有条不紊、松弛有度的工作状态，但实际上面对的皆是各方面的不尽如人意，于是遇到一点挫折，脑子中徘徊的念头是：我不想干了，辞职吧，离开这个鬼地方！

假离婚的心思出现，可是脑子一热，就以为自己真的想离婚，这样的女性不在少数。婚姻中难免有些磕磕绊绊，两人争吵也是在所难免。回想一下自己在面对婚姻出现问题时的状态吧。是一味地抱怨和躲避，还是想方设法去化解呢？假如是前者，那你的想法很可能是假离婚，没有积极解决问题，遇到困难就逃避，只想着一步到位，直接走到最后一步，对婚姻是不负责任的。

若你积极解决，但矛盾依旧存在，两人的问题愈演愈烈，到了实在难以化解的地步，这才有可能是真想离婚。

Part 2：是否可以挽救？

这一点，要结合你们的实际情况来判断，彼此之间出现的矛盾，是否还在日益激化？是不是根本没有退路，没办法调和？或者说，你们之间的感情已经彻底被争吵冲淡？

包括这位咨询的女士，几乎所有的女性来向我咨询，我都会给她们一张空白的A4纸，告知对方在纸上左边写下丈夫的优点，在右边写下缺点——这里的缺点不是那些不痛不痒的，而是真正影响感情的。结果是大部分女性在经过深思熟虑之后，写下的丈夫的优点多于缺点，甚至有时绞尽脑汁，只写出一个缺点，这就是婚姻问题的导火索。

实际上，在结婚之后，大部分女性会开始享受婚姻，当爱情慢慢地转换成亲情时，我们都会习惯把对方的优点，爱人对自己的好，看作是理所应当的，而在平淡的感情生活中，又会刻意地放大对方的缺点，只要稍有不顺心，就完全把其当作是影响婚姻的阻碍。可将其真正放大到整个婚恋中时，又只是不痛不痒的问题。

以前我经常陷入忧虑，常常被生活中的糟糕事情影响心情，心态极差，后来一位人生导师教导我：当你遇到困难，遭遇挫折，你觉得自己难以忍受，认为这是一道过不去的坎时，试着把其放大到你的整个人生中想一想，在一个月以后，这件事还会折磨你吗？在一年以后，还真的那么难吗？对于你的一生来讲，这不过是一个小坎坷而已，在今后的岁月中，它终将被你遗忘。

同样的道理，当你的婚姻出现问题，去想想你们一路走来的不易，然后放大到整个婚姻生活中，看看对你一生的爱情是否有影响。假如答案是否定的，那这种不痛不痒的小事，还是看淡一些吧。

Part 3：若是真离婚，该如何处理

假如当你冷静思考，将婚姻状态梳理完毕后，你发现还是很难接受这样的现实，于是痛下决定，还是选择离婚，那么应当怎么处理呢?

山穷水尽，没有挽回的余地，那么追寻下一段幸福，的确是最佳的选择。婚姻易碎，真爱难求，你做出的决定将会直接影响你的一生，这时也没必要去苛责谁对谁错了，这个问题也并非能清楚地界定，只能说婚姻是两人的事，出现问题，谁都不能逃避责任。

决定离婚，方式并不重要，但值得注意的是，离婚代表着两人的婚姻家庭破裂，同时也会牵扯到双方的家庭，比如孩子的抚养权问题，财产的分配问题，一定要努力争取自己的权益，毕竟离婚后生活需要保障。

三十一、异地恋，分手后该怎么挽回?

来信内容：

美爱的老师，您好！最近一直在公众号上看你们的文章，有关我个人的感情问题想听听你们的建议和分析。

我们的情况是这样的：

我和前男友是2015年6月旅行时结识,恋爱600天，异地。我们很珍惜对方，觉得能相遇是一件很幸运、很有缘分的事。只是在相爱之初,他正好经历了他经济上的艰难期。我跟他说过钱没了还可以挣，我认为自己可以经济独立，不用依赖他，我愿意陪他好起来。两个人共同成长，更难能可贵吧!

我们在一起600多天的时间里，精神上彼此依赖，对彼此又有很强的占有欲，两个人有时候会很有默契。在此期间我们探讨要在谁的城市生活，但最终因为一些问题一直没有决定。

他事业的发展状态一直不是很好，我知道他压力很大，他有时候愿意跟我讲，有时候也不愿意跟我说。可是在2月底他提出了分手，他说他不想再继续耽误我了。虽然他知道分开一定会后悔，但他说给不了我想要的生活。现在也恐惧结婚，但去年我们畅谈未来时，他没有表达过恐惧结婚的想法。

分手后的这两周，我给他发过微信，他回我：

“好好照顾自己，大家彼此安好，过去就过去吧！”

“在我这里都是美好，只是结局不完美而已，好好生活啊，都要好好的，希望你能找到合适的男生。”

后来又断联了一周，他给我发微信说：“天气转凉，注意身体。”我就回了一句：“收到，谢谢。”

现在分开有一个多月的时间了，如果我想挽回，我该做些什么呢？对于我们的感情，也希望老师给一些你们的建议和看法。

希望能收到你们的回复！

导师回复：

你好，叫你小c吧，很好听，也很温暖的名字。

首先，你们的感情是可以挽回的，因为你们的状态属于假性分手。如果你选择断联，时间也不要太久，依照个人情况来看，我的建议是15~30天，不要超过一个月，否则有转变成真性分手的可能性。（注意：断联期间不要回他的话，哪怕是你说的“收到，谢谢”）

分开之后彼此还保持联系，同时还保留了一点亲密度，大概你也能感觉出来，彼此的状态和之前区别不大，只是暂时没有男女朋友的名分而已……若是真性分手，会拉黑对方，对对方的留言不回应，态度坚决，不留余地，甚至恶语中伤。

所以你们属于假性分手，想解决，就需要彻底改变你们之间的主要矛盾，那么挽回他也并不是太难。

你们的情感经历大致是这样的：旅游相识→异地恋600余天→矛盾爆发（最终生活城市+工作压力）→分手

解决问题，自然要从矛盾点入手。

先谈“最终生活城市”。这点是解决异地恋的首要因素，我在之前的文章中也谈到过类似的话题，他选择分手的原因，大抵上源于此，一直找不到解决办法，无奈之下选择分手。既然你们总探讨不出办法，那就把这个难题交给彼此的父母吧！双方父母更有经验，坐在一起谈谈，找到协调的办法。

而你挽回的第一个途径，就是撮合彼此的父母碰个面，之前没能凑到一起实在是个遗憾，既然你选择挽回，那就主动点，告诉他：“我说通了父母，让双方家长见一面吧。”

这既能表现你挽回的决心，又可以体现出你正在努力解决问题的态度。

再说“工作压力”。你的来信中多次提到他的压力大（工作上和经济上），但“有时候愿意跟我讲，有时候也不愿意跟我说”，是男人都有工作压力，有大有小，但绝大多数时刻都不会主动跟你提，这是很正常的。大部分姑娘不会太关注，但也有些聪明的姑娘会主动询问，协助对方排忧解难。

能学会替他释放压力，绝对可以让男人舒心，进而彻底离不开你。

他对婚姻的恐惧，是第一层压力，这点可能你催促得比较急，我的建议是水到渠成，不要整天话题里都是婚姻，恋爱就是恋爱，该升华时再升华。

你可能会说，我也不懂他的工作，真的不知道怎么帮助他。这就大错特错，我可不是让你替他工作，我的意思是：用你女性的特质来帮助他。

感觉他压力大，对他置之不理？还是说："亲爱的，有什么烦心事可以跟我说，虽然帮不到你，但听说倾诉会很管用的。"

看到他最近为了工作唉声叹气，是选择假装视而不见，还是替他做顿大餐，给他做做头部按摩？

当然，聪明的你还可以借口说"好久没出去玩了，亲爱的，带我出去疯一把吧"，实际上是帮他舒缓神经……

即使你们现在的状态是分手了，但还可以互相关怀啊，多表达一些关怀的话语吧，他会愈发感觉离不开你，挽回也会变得很简单。

还有，适当地减少占有欲，换个角度，多表达自己在爱情中的被需求感，这样更容易让伴侣接受，你说呢？

三十二、感情一直很好，他却突然提出分手，求分析！

来信内容：

老师，您好！前段时间，我遇到了一个喜欢的人，最后却没能在一起，想听听您的意见。

我跟他是通过别人介绍认识，他和介绍人都是军人，介绍人是我老家的一个哥哥。认识后才知道，我跟他研究生期间是校友，同年级，不过不同学院。

没见面之前的一个多月时间里，我们聊过几次，开始彼此感觉还不错，介绍人问过彼此的看法，我俩都是这个回答。这期间没有见面，也不是天天聊，刚第一次聊天的时候，他就提到过工作忙，压力比较大，微信聊天反应比较慢，通常是那边显示挺久“正在输入”，打过来三四行字，一大段的那种。

认识两三个礼拜后，就快过年了，小年时我发过一条祝福信息，他一直没回，我当时就想把这人Pass掉，一礼拜后除夕夜他给我拜年，当时我没想继续，所以礼貌性地回了一个表情。过完春节小长假的第一天，回到单位介绍人问我俩的情况，我照实说的，直接回绝了。介绍人同时也问了他，听他说那段时间家里有事，对我还是挺满意的，还是想见面，还跟介绍人说，想通过介绍人再约我。不过介绍人当时回绝了，说男生追女生就果断一点。

我是第二天早上看到他半夜快1点发来的信息，说跟战友刚聚餐完，问我这俩礼拜过得怎样，勿回。早上我也没理会，第二天上午又发来信息说晚上打扰了，我才开始回复他，趁着工作间隙聊了一些，约的第二天晚上见面。

见面的感觉很棒，他说他不喜欢装的人，而且我也没有恋爱过，都是他喜欢的样子。我们一直聊了五个小时，饭店赶人了才结束，他还要约我去喝咖啡，当时已经快10点了，我就说，很晚了，先回去吧，有时间再约。其间我能感觉到（他自己也主动说了）他工作方面的压力，机构改革给他带来了极大的不稳定感，他羡慕我的工作，还说曾经想过不成家，但考虑到我也在体制内，以前又是同学，三观都一致，挺好的。第二天，他就对介绍人表示了对我的认可。

第二次见面就是一个礼拜之后了，他就直接问我“怎么跟家里说的？”“家里是不是同意？”我说：“我一直在夸你，你喊我出来时我妈妈就说让我们好好玩，我家里尊重我的意见。”他说，他也跟家里说了，过段时间一起请介绍人吃饭。在这一个礼拜里，我俩聊得不多，不知是不是他的工作和性格的原因，每天也就讲几句话，而且有时候我回复完了，也不见他的消息，顶多11点之后，发句晚安。

这样的聊天方式持续了两个礼拜，我有点受不了，就跟他说："聊聊你平时忙什么吧，不然总这样，女孩子容易多想。"他说没问题，那天晚上打电话聊了一晚上，告诉我他在忙什么，的确很忙。从那以后，有空，偶尔他会给我打电话（也不是很频繁），聊天内容大部分是关于他的工作的，因为了解他的工作性质，所以我尽量去理解。

其间，我们一起出来约会的时候，他妈妈有打电话，他就说跟我在一起呢，他妈妈就立刻把电话扣下了。还有天晚上，他战友求婚要他帮忙，战友求婚成功后他说他很感动，晚上快10点了来我家楼下见了一面。还有次，我出差回来，他去我单位接我，看到我的同事还挺开心，说："看吧，明天就给你传开了……"

我也积极回应他，以前我的生物钟是10点睡，认识他后，无论多晚我都争取等到他说晚安，我回了他再睡（这点他知道）。他工作忙，我主动说："忙吧，没事，有时间再约。"有个周末，他需要处理文件和写材料，我在家用我的电脑帮他整理了一些不重要的。

这样大概持续了将近一个月，我们的联系越来越少，甚至我发信息他也不回我，那段时间他确实忙（他负责一个活动，而且他自己也说，喜欢这样的工作内容），我表示过两次不满，一次是我感冒了，我怕打扰他，之前都没告诉他；还有一次没回我信息，两天后我打给他，也没吵，就说我不开心，生气了。他解释了下在忙什么，然后说了些好听的，我顺着台阶就下了。有次我想试试他的反应，就说，有个男的最近表现很奇怪。他听了描述立刻就说："这是对你有想法，像你这样的姑娘，绝对是属于中上的，男的跟你一个小时就能觉出你的好，遇到你是我的幸运。"我也跟他说："是我捡到宝了，你才是我的男神，时光倒退久一点，我是个不自信的人，对你，我只敢仰视，不敢接近的。"他说："哪里来的男神，可别瞎说，我很多时候也不大自信。"

再之后的一个礼拜，还是老样子，不冷不热地联系，有天晚上他说："最近忙疯了，过几天再联系。"我说："好。"这一过就是一个礼拜，于是我这一个月积压的委屈爆发了，直接发信息说了一些过激的话："不理我，是男孩子冷处理想分手，我那么喜欢你，你的态度实在是没法让人忍受，不合适就算了吧。"但他一直没给我回信息，我忍了一天，第二天早上，打过去了，他说前一天累得发烧了，没回我，现在在开车，回去有空联系。可是中午他发了条朋友圈（他是那种一年也就发一两条朋友圈的人），也没理我。

晚上我难受得睡不着觉，没忍住，打电话给他，我问："不打给你是不是就不打算理我了？"他说："是。"我问："哪里出问题了？"他说："没有问题。"我问："从一开始，你就不认真？"说完这句我就哭了。我说："我也不是招人烦的，就是想把话问清楚。"他说："就死心了是吗？"我说："对。"

他沉默了下，说："因为机构要改革，减编，我一早就知道了，不知该怎么跟你说，以后要面临异地恋和异地婚的问题，没那么简单，我想放慢节奏，最快十天就出结果了，让你做选择的时候不要太受感情的左右。"当时我挺激动，一边哭一边说："我不怕，我就是喜欢你怎么了，咱俩在一起开心一天是一天。"他听我发泄完，就说："你怎么能这么想呢，还以为你会跟我想的一样。”等我心情平复了，他又说：“今天我妈妈还让我回家给你带点心。”我说：“不就十天么，咱俩开心过，你好好当我十天男朋友，什么都不用想。”他说：“十天之后我就不是了？”我说：“你之前不理我，不就是这意思吗，以后要天天记得我，忙的时候一天只发一条信息就行。”

第二天，晚上他打过来电话，说，回了趟家，把点心带回来了，听听我的声音心情挺好他就放心了，还要继续去加班。

之后一个礼拜，都挺好，白天我会把我看到好玩的事情发给他，然后告诉他，工作那么忙，看到开心就好，不用回。晚上有空会打个电话，有时他很无奈，说：“工作太多，有次两天都没怎么睡。”我就告诉他：“快忙吧，注意身体。”

一个礼拜之后是他的生日，周末那天他先回的家，晚上来找我一起吃的饭，我准备的礼物，他坚持请客。晚上过来前他给我打电话，说路上堵，我觉得他挺累的，就说，多陪陪父母，要不就先不用过来了，早早休息。但他还是坚持过来了，见面时能感到他状态不大对，但说不上来是怎么回事，情绪不是很高，他妈妈让他给我带了点心，我们还讨论等他休假去踏青的事。我是有点刻意回避他们机构改革的事情，怕给他压力，也怕听到不好的消息。那晚不像之前见面总有聊不完的话，吃完他就说回去要加班。

第二天，他就消失了，电话不接，短信不回，我让介绍人哥哥问他，十多个小时才回给联系人：“姑娘很好，是我想不起来联系她，就不耽误她了。”然后介绍人哥哥问，需要转达还是他亲自来找我说，他回的是，他自己找我说清楚。可是，他一直没找我。后来我又发了十多条信息，没有难听的话，不过软硬都有，他都不理会，我甚至都说，咱俩好聚好散，我才能尽快走出去，他都不理。直到有一条说，我要去他单位当面问清楚，他回了一条："在老家，回去联系。"可依旧没联系过。

老师，一个月了，他这样的方式，我的确很难走出来，总觉得自己哪里做错了。

老师，他出身军人家庭，他父母目前好像是分居的状态，但他跟父母的关系都不错，联系都挺多。这会是他压力的原因吗？

我特别特别想知道，这一切到底是怎么回事？

我还能挽回吗？

导师回复：

首先，你是个好姑娘，字里行间我感受到的都是你的温柔和忍让，比如他很忙，你就耐心地等他，很少催，甚至打破自己的休息规律，只是为了等待他的一句晚安，在他忙碌时，只求一天一个短信就好。你很爱他，从一开始的婉言拒绝，到后来的"觉得不错，很合适"，到现在深沉的爱，程度越来越深……可以说，遇到你是他的幸运。

他爱你吗？"爱"这个字我不能确定，但我敢说的是：这个男生打心底里是喜欢你的。

排除工作很忙，很少联系你这件事，他人还是挺不错的，从一开始对你就表现出好感，也不在自己母亲面前掩饰你们的感情，强调说遇到你是他运气好，甚至最后因为种种原因，开始对你冷淡时，也对介绍人说你不错，但不愿意耽误你。

你很想知道是怎么回事，很想知道能不能挽回，那我这样说吧：男女之间不只有性别的差异，实际上更多的是观念上的差异，想法上的差异，导致思考模式不同，于是产生的行为模式也大相径庭。

你们之间其实很合适，包括你也说“我也在体制内，以前又是同学，三观都一致，挺好的”，但唯一的矛盾就是“他工作很忙，很少联系你”，而随着交往的推移，矛盾也逐渐上升为“以后要面临异地恋和异地婚的问题，没那么简单”。

你一直思考的是：

“他怎么不联系我？”

“他工作怎么这么忙啊，是不是挺过这一阵就好了。”

“哎呀，真想整天都跟他黏在一起呀。”

而他脑子里一直想的都是：

“工作太忙了，根本没时间联系她。”

“要精兵简政，组织变革了，接下来异地恋怎么办？”

“如果说结婚之后还是两地分居，会不会跟我父母现在的状态一样？”

“感觉对不起她，太耽误她了，哎。”

你们想的根本没在一个维度上，都在想自己所想的，思考自己关注的，根本没在意对方的想法，平日里也很少交流，自然遇到问题时更难达成共识。

男女交往之所以会产生种种矛盾，根源并非不够爱彼此，爱情的浓度不够，也不至于升级成矛盾，最多是彼此渐行渐远。矛盾的深层次原因，来自于：彼此观念的不同，一个在天上飞，一个在地上跑，怎么可能一样？

想解决这个矛盾一点都不难，只需要你做一件事：和他好好真正地交流一次。

你看啊，你们都是在各想各的，根本没交流过，只是简单地在一起，可遇到问题，又不愿意彼此沟通。坐下来说说双方的想法，告知内心深处最真实的想法吧。99%的时候，说点掏心窝子的话，要远比说一百遍“我爱你”，或者吵十次架，更容易触碰到彼此的内心。

他忙，你愿意理解，但也要有最起码的联系，这点你要告诉他。

当然，现在摆在你们面前的大山，是以后可能会遇到的异地，他说会耽误你，可在你看来你更接受不了的是分手，为什么要憋着？为什么只是想到底是哪里出了问题，到底要怎么挽回？为什么不去告诉他，跟他说你内心的想法呢？

坐下来谈一谈，也许你会觉得愿意放下现在的一切，去家乡找他，让他无须担心单位的变革；也许他会抛下一切，觉得你更重要，主动接受现实，留在这个城市陪你……

若你们相爱，那么一定会觉得，没什么大不了的，只要在一起就好。

而想改变事实，一切都源于你主动去跟他交流，打破男女之间沟通的障碍，连接起彼此思维差异造成的鸿沟。

三十三、他被我逼出轨了，该挽回吗？

来信内容：

我160cm，46kg，23岁，医学生，家境较差；他180cm，70kg，20岁，家境富裕。我大三做微商时认识的他，他会和我买东西，后来真正的见面是看了一场电影后，他对我一见钟情。

他开始送花送礼物，也愿意来回坐四个小时车陪我去做家教，追了三四个月我一直考虑很多，年纪、家境差距，但他始终都有理由来说服我，我们就在一起了。我们同城公交车车距两个小时左右，我做事细致但比较急躁，他是随心所欲没什么规划的人，之前我也一直有把他当供养者来看待，他对我也是真心的。

但是我却一直心口不一，其实心里想的是为他好，但是说出来的话却很伤人。我按照对一个未来结婚对象的标准去要求他，所以他的心理负担很重。

他妈妈之前想让他出国，所以我们和他妈妈商量说考上海的研究生，这学期我要考研，所以很忙，想花时间学习，不想让他过来看我，加上他玩游戏，我觉得他太颓废了，有时候会吵架。然后在这个学期初，他认识了一个学妹，带学妹一起玩游戏，就和她好上了。

学妹比我漂亮，比我高，身材也比我好，嘴甜，情商很高。被我发现的时候他一开始求和说从来没想过要和我分开，但我很伤心也很气愤，我让他和学妹说自己有女朋友，他和学妹说了，结果却和我分手了，过了几天他们就在一起了，现在他们过得很幸福。

也许他是被我一点一点推开的。我心里很难受，特别是想起以前一起相处的时光。

分开一个多月了，他现在对我没有什么感情了。我应该放开，开始自己的生活，但我还是会想到他们，还是有些走不出来，有时候很悲观，我该怎么走出来？

导师回复：

说真的，你俩分开是很正常的。

你们之间存在着差距，我这里说的并非是家境和年龄上的差距，而是观念上的差距，导致你们在热恋之后渐行渐远。

男生出轨的原因你说得很清楚，是“自己性格的缘故”，虽然你很想为他好，可心口不一。

他至少付出了，而你呢？我没看到你的付出，只觉得你对待这段感情并没有用心，更别谈付出了。跟你在一起，男人会有压力，因为付出和回报是不成正比的，即使你心中很感激，但并未真正地表达出来，这也是你们感情破裂的原因之一。

这段感情，他有错，你也有错，换个时间，换个环境，换个年纪，若你们相遇，结局也许还是一样的，不合适的两个人，永远都不会合适，同样的，能走到一起并非代表能够天长地久。

想和你爱的人天长地久，想让你爱的人也同样愿意同你地久天长，正确的方式是：不为所欲为、恃宠而骄，认为一切都是理所当然的，而是学会满足对方内心深处对爱的诉求，这才是更贴近彼此的不二法则。

你怀念之前的恋爱时光，但我更想告诉你的是：你还不懂怎么去爱。既然他已经有了新的伴侣，我建议你还是按捺住这种心思。谁都会有一段苦涩的恋爱，而苦涩的背后，大部分原因都是由于自己不够成熟。

三十四、从假性分手走向真性分手是一种怎样的体验？

来信内容：

美爱老师，您好！

我在美爱公众号上关注了您，我和男友今年2月分手了，我一直在努力挽回中，可是不仅没有结果，反而还越来越糟，我想听听您的看法。

我和他都是34岁，去年5月同学聚会认识后彼此互有好感，但是因为异地，双方工作都很忙，沟通都是通过微信或视频。他很内向，慢热，不喜欢表达自己。而我很外向活泼，性子急、说话直，很爱交朋友。我们性格虽然很不一样，但是他也说过，正是由于这种差异才让我们互相吸引。相处不到半年，聊天基本都是我主动找他，但是他主动来看过我几次，最后到10月才正式确立了恋爱关系。

我们前两个月都还挺甜蜜的，但由于年底都比较忙，他就更少主动联系我了，每次都是我主动，再加上异地让我特别没有安全感，闹过一次分手。平时我的情绪经常不好，偶尔跟他发脾气或者几天不理他，都被他安抚下来了。圣诞节前我又给他写了一封长信闹分手，然后一个星期没理他。后来我又主动找他问他怎么想的，他说觉得很累，觉得我逼他太紧，他想好好静静，等过了年再联系。当时我很生气地指出了他很多承诺过但是没做到的事情，说了一些气话，然后赌气地屏蔽了他的朋友圈，一连一个月都没联系他。过年期间我对他解除了屏蔽，他也能看到我的动态，但是他从来没有半点回应。断联期间他也几乎没有发朋友圈，感觉他情绪很低落。（本来他也是那种一两个星期才发一次朋友圈的人，而且大都是工作的事，而我是经常发朋友圈晒近况的人。）

直到今年2月，我主动联系了他，语气很硬，一上来就问他想明白了没，他当时也很生气，直接就说我们不合适，性格不合。然后我又二话没说赌气拉黑了他。后来我好好想了两天，觉得自己太过强硬、太爱发脾气了，然后又主动找他聊天，一开始也没谈感情，他都会回我，感觉心情还可以。3月初，有一次他和朋友出去玩，感觉心情很好，我就跟他提了感情的事。我说我知道我错了，有在努力改了。他说他没看出来，我就跟他撒娇。他当时还说抱抱，我以为机会来了，就跟他提复合，结果他又一连几天不理我了。

然后我又天天给他发信，他都不理我，隔了几天他回我说："我们回不去了，只能做朋友做不了爱人。"我问他为什么，他说他很固执，想按自己的节奏来。我说最近聊得不是挺好吗，就又质问了他几句，他就又开始不理我了。我又坚持天天给他发一两句关心的话，一周后他才开始回我，态度很冷淡，基本都是"嗯嗯哦哦"的，我也知趣地没敢再提感情的事。就这样大概又持续了两周，我问他我这样每天关心他他不会觉得烦吧，他说不会，我说那我就这样每天问候一声，你愿意聊就聊，不愿意回就不回，我保证不耍脾气。后来有一次我还顺着他说："我想好了，可以做朋友不提感情了。"他的态度才有所缓和。有一天我胃疼告诉他，他马上回我注意身体，我就又开始撒娇了，提起了感情，说我很爱很爱他，保证以后再不耍脾气了。他就回了我一句："都结束了，不提了。"然后又开始不理我。

我接连发了三天信息他都没回，我这次就开始断联了两周，没发任何朋友圈，也没主动找他。他却很奇怪地隔两三天发一次朋友圈，虽然都是工作的事。两周后我又主动和他打招呼，他回我："和你没什么想说的。"我说连朋友也不想做了啊。他说朋友不会有事没事总找他聊天的，还说我没正事，然后又不理我了。我隔了几天又主动打招呼，他没回，我说："既然说好了做朋友，那咱们就放下芥蒂好好说话吧！"他就回我："在火车站呢，忙着做文件。"还问我是不是我想聊天就非得陪我聊，我说不是，他说："那你又不高兴。"然后我说："那你忙吧，出差要注意身体。"他说："好的。"然后就又没下文了。

现在我们都正式分手快三个月了，这期间我几乎天天主动给他发关心的微信，也不发脾气不敢生气了，他的态度虽然有时候有所缓和，但总是没有热情，总感觉我们回不到以前了，而且我一提感情他就马上开始冷暴力。但我又总觉得他心里还有我，他既没说过不爱我烦我，也没有删过我，最多就是几天不理我，或是对我说“我们回不去了”“只能做朋友”“都结束了”之类的话。

所以我现在搞不懂他到底还爱不爱我？他到底是真性分手还是假性分手？我应该怎么做才能挽回他？我自己是觉得他对我还是有感情的，只是对我的各种无理取闹、急性子、坏脾气特别失望，我现在真心在改了，我不知道他能不能感受得到。老师，我到底应该怎么做才能挽回他呢？希望得到您的指导，谢谢！

导师回复：

你们的情况比较特殊，属于假性分手正逐渐转变成真性分手的状态。

首先，你说你们有性格差异，一个急脾气，一个性子慢，是性格差异走到一起。的确，能够一开始就互相吸引的恋人有两类，一种是性格相近，看到对方就如同看到自己，瞬间被对方打动，而另一种是性格迥异，彼此觉得非常新奇，仿佛发现新大陆一般，于是被这种差异美吸引，而走到一起。

但性格差异，只是一开始带来吸引的源头，这种新奇感只能维持一时，若单纯地依靠这种差异感在一起，你们会变得愈发无力，因为性格差异会造成彼此之间沟通障碍，尤其是观念上的差异，更会让你们疏远。

不过我的意思并非有性格差异的情侣势必会分手，性格互补的伴侣一生恩爱的大有人在，皆因彼此明白：求同存异，彼此包容和理解，才是最好的相处方式。

但你们没有，再加上异地的原因，安全感和不稳定因素作祟，于是你们之间第一次产生裂痕，但这属于假性分手。之前我提过很多次假性分手的特征，包括对方抗拒你、厌恶你、躲着你、排斥接触你，甚至都不愿理睬你。

你们没走到那一步，尚在假性分手阶段，但之后你拉黑他、发脾气之类的举动，正是在让你们的假性分手走向真性分手。

假性分手，你可以主动挽回，可以断联，但不能二者兼备，一会儿主动一会儿拉黑互不理睬，内心矛盾不已，忽冷忽热，是挽回的大忌。尤其是你选择彻底断联的时机不对，他很清楚你想挽回，毕竟在前段时间你已经放低姿态，一直撒娇讨好他，即使断联两周，对于他来说也丝毫没有影响。

挽回的方式不对，造成你们正在从假性分手走向真性分手，他还爱你吗？爱，但现在爱得不够深了，而我对你的建议是：破釜沉舟。

你也只能破釜沉舟，现在开始彻底断联，不管你有多想他，多害怕失去他，在这段时间里，你不要去想感情的事，去交际，去游玩，哪怕醉心于工作也好，排除杂念，提升自我，静静等待两个月，再看看结果如何。